EXTRAITS

DES ARCHIVES

DES

MINISTÈRES DE LA MARINE ET DE LA GUERRE

A PARIS

CANADA

1755-1760

EXTRAITS

DES ARCHIVES

DES

MINISTÈRES DE LA MARINE ET DE LA GUERRE

A PARIS

Publiés sous la direction de l'abbé H.-R. CASGRAIN

D. ÈS-L., PROFESSEUR A L'UNIVERSITÉ-LAVAL, ETC.

CANADA

CORRESPONDANCE GÉNÉRALE

MM. DUQUESNE ET VAUDREUIL

GOUVERNEURS-GÉNÉRAUX

1755-1760

QUÉBEC

IMPRIMERIE DE L.-J. DEMERS & FRÈRE

30, Rue de la Fabrique, 30

1890

A

L'HONORABLE M. MERCIER

PREMIER MINISTRE

DE LA

PROVINCE DE QUÉBEC

Monsieur le premier Ministre,

Il y a deux ans, la Province de Québec a exprimé, par un vote unanime de la Chambre d'Assemblée, (11 *juin* 1888), *ses remercîments à M. le comte de Nicolay pour le don magnifique qu'il venait de faire à cette Province de la copie complète et authentique des manuscrits de son aïeul le maréchal de Lévis. Par la même résolution, la Chambre s'est engagée à publier cette collection de manuscrits. Déjà les deux premiers volumes :* LE JOURNAL ET LES LETTRES DU CHEVALIER DE LÉVIS, *ont été publiés, et l'impression de la suite se continue. Ces manuscrits d'un prix inestimable pour l'histoire du Canada, embrassent la période la plus intéressante de nos annales, celle de la guerre de sept ans* (1756-1763), *et répandent un jour tout nouveau sur les hommes et les choses de ce temps.*

Une fois en possession de ce riche trésor, unique en son genre, il restait à le compléter en obtenant la copie des manuscrits concernant la même période, qui se trouvent à Paris aux archives du Ministère de la Marine et des Colonies, et à celles du Ministère de la Guerre. La copie de ces derniers documents formera douze volumes d'impression. Ce sont ces manuscrits dont nous commençons aujourd'hui la publication. Quand elle sera terminée, la Province de Québec aura élevé un monument historique qui n'a pas son pareil en Amérique.

C'est à vous, Monsieur le premier Ministre, qu'en revient l'honneur ; car c'est vous qui avez pris l'initiative de la publication des Manuscrits du maréchal de Lévis, dont celle-ci est le complément. En vous félicitant de la haute protection et de l'encouragement que vous accordez à la science historique dans notre pays, je vous prie d'agréer,

Monsieur le premier Ministre,

L'expression des sentiments distingués avec lesquels

J'ai l'honneur d'être,

Votre tout dévoué serviteur,

L'abbé H.-R. CASGRAIN.

Québec, 14 août 1890.

LISTE DES MINISTRES D'ÉTAT

DE FRANCE

DURANT LA GUERRE DE SEPT ANS

1755-1763

Ministres de la Justice

APPELÉS AUSSI CHANCELIERS OU GARDES DES SCEAUX.

DE	A	
1755, 9 déc.	1757, 2 fév..	De Machault d'Armonville.
		Louis XV lui-même garde des sceaux.
1761, 13 oct..	1762, 15 août	Berryer.
1762, 1 oct..	1763, oct.	Feydeau de Brou.
1763, ...	1768, ...	De Maupeou (Réné-Charles) ; chancelier en 1768.

Ministres des Affaires Etrangères

DE	A	
1754, 28 juil.	1757, ...	De Rouillé, de Jouy.
1757, 25 juin.	1758, ...	De Pierre, Cardinal de Bernis.
1758, 1 nov.	1761, ...	De Choiseul Stainville.
1761, oct..	1766, ...	De Choiseul Praslin.

Ministres de la Marine et des Colonies

DE	A	
1754, 28 juil.	1757, 1 fév.	De Machault.
1757, 1 fév..	1758, 1 juin.	Peirenne de Moras.
1758, 1 juin.	1758, 1 nov.	De Massiac.
1758, 1 juin.	1758, 1 nov.	*Lenormand de Mézy*, adjoint.
1758, 1 nov.	1761, 13 oct.	Berryer.
1761, 13 oct..	1766, 7 avril	De Choiseul Stainville.

Ministres de la Guerre

DE	A	
1743, 9 janv	1757, 1 fév..	De Voyer D'Argenson.
1757, 1 fév..	1758, 25 fév..	De Voyer D'Argenson, Antoine-René, marquis de Paulmy.
1758, 3 mars	1761, 26 janv.	Fouquet De Belle-Isle (Louis-Charles-Auguste.) *
1758, 9 avril	....	*De Crémille*, adjoint.
1761, 26 janv.	1770, 24 déc.	De Choiseul Stainville.

Contrôleurs Généraux

DE	A	
1754, 29 juil..	1756, 25 août.	De Séchelles (Jean Moreau).
1756, 25 août.	1757, 1 fév..	Peirenne de Moras (François-Marie).
1757, 25 août.	1759, 4 mars	De Bullogne (Jean-Nicolas).
1759, mars	1759, nov.	De Silhouette.
1759, nov.	1763, déc.	Bertin (Henri-Léonard-Jean-Baptiste).
1763, déc..	1768, ...	De L'Averdy (Clément-Chs-François).

* M. de Crémille signait avec lui.

EXTRAITS
DES ARCHIVES

DU

MINISTÈRE DE LA MARINE ET DES COLONIES

A PARIS *

CANADA

CORRESPONDANCE GÉNÉRALE

M. LE MARQUIS DUQUESNE, GOUVERNEUR GÉNÉRAL

Montréal, le 31 mai 1755.

Monseigneur,

Je reçois dans le moment une dépêche du Sieur de Contrecœur qui m'apprend que les Chouanons de la Belle-Rivière à qui j'avois fait honte de ce qu'ils souf-

* La copie des manuscrits qui a servi de texte à la présente publication, a été faite sous ma direction. Chaque pièce a été collationnée par un archiviste avec un soin et une exactitude qui lui donnent la valeur de l'original. Pour les manuscrits du Ministère de la Marine et des Colonies, j'ai suivi l'excellent catalogue dressé par M. Joseph Marmette et publié par le gouvernement fédéral dans les Rapports sur les Archives du Canada. Comme il n'en existe pas pour les Archives du Ministère de la Guerre, j'ai dû y suppléer moi-même. Afin de rendre la publication de ces documents aussi complète et aussi utile que possible, je n'ai tenu aucun compte des fragments qui en ont été publiés à diverses époques et qui sont dispersés dans différents ouvrages, dont l'accès est plus ou moins difficile. Le premier volume de cette publication répond au volume 100 des Archives de la Marine.

L'abbé H.-R. Casgrain.

froient impunément que six de leurs frères fussent détenus depuis deux ans dans les prisons de la Virginie, ont frappé sur ce gouvernement où ils ont fait dix-sept chevelures et dix prisonniers qu'ils distribuent à toutes les nations pour les inviter à se joindre à eux. Cette invitation ayant été parfaitement bien reçue pourroit bien déconcerter les projets que les Anglois forment sur la Belle-Rivière. Je réponds au Sieur de Contrecœur de suivre de très près ces sauvages afin que les Anglois ne les séduisent par des présents et par le pardon qu'ils accordent facilement lorsqu'on les a tués.

J'ai fait publier partout les secours de toute espèce que le roi envoie dans cette colonie, et j'ose vous assurer, Monseigneur, que le Canadien a été si pénétré des marques de bonté de la part de Sa Majesté que j'envisage qu'ils feront des prodiges si M. le marquis de Vaudreuil les emploie à quelque expédition avec des troupes françoises. C'est le seul regret que j'aie de sortir de ce pays où je regarde la guerre presque inévitable. Elle m'eût moins inquiété que ma position d'être sur la défensive vis-à-vis d'une nation qui depuis deux ans fait des apprêts pour m'attaquer de tous côtés.

Je suis, etc.

M. LE MARQUIS DUQUESNE

Montréal, 12 juin 1755.

Monseigneur,

J'ai reçu les 26 et 29 mai dernier, les lettres que vous m'avez fait l'honneur de m'écrire par les frégates du roi, la Diane et la Fidèle, par lesquelles vous voulez bien m'annoncer les secours de troupes que le roi envoie dans cette colonie, et j'ai, sur le champ, donné mes ordres pour envoyer des pilotes et pour la distribution de cette troupe à l'arrivée de l'escadre, ce à quoi M. Bigot a pourvu au mieux, et j'ai ordonné de plus que lorsqu'elles seroient reposées quatre jours : on les fit filer en partie à Montréal, afin de les faire voir aux sauvages et d'être à portée de les employer.

Je reste ici jusqu'à ce que je sois informé de l'arrivée de M. le marquis de Vaudreuil, parce qu'il est trop important de faire monter des subsistances au fort Frontenac pour en fournir abondamment non seulement la Belle-Rivière, mais encore les forts de la Route, pour les mouvements dont cette colonie pourroit bien être agitée ; les Anglois nous menacent de partout. D'ailleurs comme on assemble des troupes à Orange et à Chouaguen, je veux savoir de quoi il est question pour diriger mes mouvements si M. le marquis de Vaudreuil tardoit à arriver. Je me suis occupé pendant l'hiver à connoître le local depuis le Sault à la Chaudière jusqu'à la rivière Narantchouac, je n ai trouvé aucun Canadien en état de satisfaire ma curiosité, et il m'a fallu avoir recours au missionnaire des sauvages de cet endroit qui y a passé plusieurs jours et qui m'en a tracé un plan par lequel j'ai vu l'impossibilité de faire marcher une troupe aussi considérable qu'il la faudroit pour détruire les établissements des Anglois qui sont extrêmement fortifiés, d'autant qu'on ne peut y porter du canon, à cause des chemins, rivières et montagnes impraticables, et qu'on auroit même beaucoup de peine à fournir à leur subsistance. Je pense qu'une pareille entreprise ne peut se faire que l'hiver et encore par surprise, j'en conférerai avec M. le marquis de Vaudreuil.

Je me suis rejeté sur la ressource des Abénakis qui depuis l'automne dernier frappent de ce côté-là avec succès et qui ont dit à l'Anglois que tant que ce fort existeroit, ils exerceroient sur eux toutes les cruautés imaginables, c'est tout ce que j'ai pu faire de mieux, ne pouvant percer en force dans un endroit aussi difficile pour m'emparer d'un fort aussi bien muni d'artillerie.

Je suis, etc.

M. LE MARQUIS DUQUESNE

Montréal, le 25 juin 1755.

Monseigneur,

J'ai l'honneur de vous envoyer le tableau des mouvements que j'ai fait cette année, par lequel vous verrez mes précautions pour être à l'abri de surprise de la part de l'Anglois qui, pendant l'hiver, a envoyé des officiers chez toutes les nations du Sud pour leur faire savoir qu'ils envahiroient tout le Canada avec les forces de troupes réglées qu'ils attendoient de la vieille Angleterre, et pour les inviter à un conseil solennel, qui doit se tenir à Orange et à la Virginie, et qui ne peut être à autre fin que pour les corrompre et tâcher de leur faire prendre la hache contre nous.

Il m'a paru, Monseigneur, que toutes ces invitations auront sûrement lieu pour les conseils parce qu'ils y reçoivent des présents immenses. Mais il y a tant à espérer qu'ils trouveront, comme il y a deux ans, la hache trop pesante dans la crainte qu'ils n'eussent affaire à tous nos sauvages de nos postes du Nord et du Sud qui nous sont affidés au point de m'offrir leurs services et qui sont prêts à marcher dès que je l'ordonnerai. Il en descendra de toutes les nations à la Belle-Rivière pour en imposer aux sauvages de cet endroit.

Je suis, etc.

Joint à la lettre de M. le marquis Duquesne, du 25 juin 1755 :

GARNISON

des forts de la Belle-Rivière et ses dépendances qui ont hiverné en 1754, *savoir :*

	Officiers.		Cadets.		Miliciens et Soldats.	
Au fort Duquesne.....	6	..	15	..	237	
de plus.....	..	..	..	..	Sauvages domiciliés	
Au bas de la Rivière...	..	..	..	..	..	100
Au Bœuf..............	1	..	..	..	15	
Au fort de la Rivière...	..	..	..	..	..	100
Au Bœuf..............	1	..	2	..	85	
A la Presqu'île........	1	..	2	..	100	
	—	..	—	..	—	
	9	..	19	..	437	

Ordre au Détroit de fournir milices et sauvages si le Sieur de Contrecœur le requéroit.

Même ordre aux Miamis, Ouyats et St-Joseph pour les sauvages seulement.

MOUVEMENTS EN 1755

Ordonne de faire partir de Québec en prime 170 hommes de troupes pour doubler la garnison de Beauséjour, six pièces de canon de 18 avec toutes les munitions de guerre et de bouche nécessaires.

POUR LA BELLE-RIVIÈRE

Le 6 mars — Il est parti sur les glaces un détachement composé de deux officiers, quatre cadets, trente canonniers et quinze soldats, en tout 51 hommes.

Pour se rendre au fort Frontenac, passer sur les barques et de là à Niagara à l'ouverture de la navigation, pour conduire au fort Duquesne les six pièces de canon que j'avois envoyées l'automne.

Le 23 avril — Le Sieur de Beaujeu est parti avec 40 bateaux portant 240 hommes, des vivres pour quatre mois, et tous les effets et ustensiles pour munir tous les postes de leur besoin.

Après ses partages faits, il doit construire un petit fort de pieux au bas de la Rivière-au-Bœuf pour entourer seulement les magasins qui servent d'entrepôt.

Fait partir en outre vingt-six chevaux pour les portager de Niagara à la Presqu'île.

Le 29 avril — La brigade du Sieur de Saint-Martin, composée de 10 bateaux et 100 hommes, est partie aussi chargée de vivres.

Le 3 mai — La brigade de Sieur de Carqueville, composée de 10 bateaux et 100 hommes est partie aussi chargée de vivres.

Le 6 mai — La brigade du Sieur de Saint-Ours, composée de 10 bateaux et 100 hommes, est partie encore chargée de vivres.

Nota — Toutes ces brigades ont eu ordre de passer au fort Frontenac pour alléger leurs bateaux sur les barques et se mettre en état de traverser le lac Ontario avec plus de diligence en passant devant Chouaguen pour se montrer aux Anglois.

Le 12 mai — Les sauvages Hurons, au nombre de 22, sont partis avec un officier qui les conduit et 8 Canadiens.

Le dit jour — Les sauvages du Sault, au nombre de 22, sont partis sous la conduite d'un officier et 8 Canadiens.

Le 15 mai — Les Iroquois du Lac, au nombre de 18, sont partis sous la conduite d'un officier et huit Canadiens et ont pris en passant, six Iroquois de la Présentation et vingt Missisagués à Toronto.

Le 28 mai — Les Népissingues sont partis au nombre de 12, sous la conduite d'un officier.

Nota — Ordre à tous les officiers conduisant les sauvages, de passer par le nord du lac Ontario pour leur ôter toute envie d'arrêter à Chouaguen.

Le 5 juin — Sur les nouvelles que l'on rassembloit beaucoup de troupes à Chouaguen, et qu'on y construisoit des barques, j'ai fait partir le Sieur de Villiers avec un détachement de 200 hommes et 70 sauvages Iroquois, Népissingues et Algonquins du Lac pour aller à Niagara, y être en observation et empêcher une irruption de la part des Anglois ou sauvages qui menacent ce poste. Cet officier a ordre de visiter la baie de Goyogouins qui est le seul asile des barques angloises dans le lac Ontario, et s'il trouve dans cet endroit qu'on travaille à l'établissement qu'on dit s'y faire, il le renversera de vive force ; mais s'il n'étoit question que de quelques ouvriers, il détachera seulement ses sauvages pour s'opposer aux travaux et brûlera tous les bois.

Le Sieur de Villiers a ordre de laisser au fort Frontenac vingt hommes de son détachement pour mettre l'artillerie en état de renforcer la garnison en cas d'insulte. Envoie au fort Saint-Frédéric un officier d'artillerie et des canons.

RÉCAPITULATION

	Miliciens et Soldats.	Sauvages.
Garnisons qui ont hiverné en 1754..	465	100
Détachement de 1755.............	817	170
Total....................	1,282	270

A Montréal, le 25 juin 1755.

DUQUESNE.

M. LE MARQUIS DUQUESNE

Québec, le 12 juillet 1755.

Monseigneur,

J'ai l'honneur de vous envoyer le compte de la recette et dépense du produit des postes des pays d'en haut, pour l'année 1754, par lequel vous verrez, Monseigneur, que le nouvel arrangement que j'ai fait, procure un excédent de 7,599 liv. que j'ai remis au trésorier, malgré la somme que j'ai été forcé de donner aux Abénakis qui s'étoient mutinés au point de ne vouloir pas de mon festin et de mes présents pour avoir été détachés à la Belle-Rivière, parce, disoient-ils, qu'ils étoient en bâtisse et qu'ils avoient besoin de cette somme pour finir leurs maisons. Cette nation, dans les circonstances présentes, étant à ménager, j'ai été obligé de condescendre à leurs volontés, mais j'ai exigé de leur part une promesse que désormais ils se contenteroient de ce que leur père leur donneroit.

Vous remarquerez en outre, Monseigneur, que l'espèce de famine qu'on a essuyée ici pendant deux ans, et les incendies de Montréal, m'ont obligé à des générosités de la part du roi.

Je me suis parfaitement bien trouvé d'avoir gratifié les femmes des miliciens morts à la Belle-Rivière, ainsi que les dix-huit habitants qui ont été estropiés dans l'affaire du Sieur de Villiers, et vous envisagerez aisément, Monseigneur, que toutes ces récompenses distribuées à propos n'ont pas peu contribué à encourager le Canadien à marcher.

Je suis, etc.

Joint à la lettre de M. le marquis Duquesne, du 12 juillet 1755.

COMPTE

de la recette et dépense des postes des pays d'en haut que rend M. le marquis Duquesne, savoir :

CHAPITRE DES RECETTES

Reste du compte de l'année dernière..................	105 liv.
DÉTROIT.	
Treize congés à 500 liv. pièce........................	C,500 "
MISSITIMAKINAC.	
Dix-huit congés à 600 liv. pièce....................	10,800 "
SAINT-JOSEPH.	
Quatre congés à 600 liv...........................	2,400 "

CHAPITRE DES RECETTES—Suite

MINOIR (*sic*)	
Douze congés à 500 liv.	6,000 liv.
LA BAIE	
Pour la ferme du poste, échue en juin 1755	9,000 "
MER D'OUEST	
Pour la ferme du poste, échue en juin 1755	9,000 "
TÉMISCAMINGUE	
Pour la ferme du poste, échue en août 1754	3,500 "
CHAG8AMIGON	
Pour la ferme du poste, échue en juin 1755	8,100 "
NÉPIGON ET LAC A LA CARPE	
Pour la ferme du poste, échue en juin 1754	4,000 "
CAMANESTIG8IA ET MICHIPICOTON	
Pour la ferme du poste, échue en juin 1754	4,000 "
MIAMIS	
Pour la ferme du poste, échue en juin 1755	1,200 "
8IATANONS	
Pour la ferme du poste, échue en juin 1755	1,200 "
	65,805 "

CHAPITRE DES DÉPENSES

DÉTROIT		
Au Sieur Demuy, commandant, pour sa gratification d'une année, échue en juin 1755	3,000 liv.	

CHAPITRE DES DÉPENSES—Suite

Au Sieur Landrieve, subdélégué, pour deux années de gratification, échues en juin 1753 et 1754..............................		1,200 liv.	
Au Père Bonaventure, aumônier, pour sa gratification, échue en juin 1755.........		500 "	
Au Sieur de Léry, second commandant, pour sa gratification d'une année, échue en juin 1756..............................		500 "	
Au Sieur de Rigauville, officier détaché au poste, pour sa gratification d'une année, échue en juin 1755..................		250 "	
A Dehaitre, interprète, pour une année d'appointements, qu'on avoit oublié de payer, du mois de juillet 1752 à 1753.	450 liv.		
Au dit pour un mois qu'il a servi, ayant été relevé le 1er août 1754......................	37 "		
	487 "	487 "	
Au nommé Duchêne, interprète, pour onze mois d'appointements, ayant relevé Dehaitre du 1er août 1754 jusqu'au 1er juillet 1755.		363 "	
Au nommé Saint-Martin, interprète huron, pour ses appointements d'une année, échue en juin 1755........................		400 "	
		6,700 "	6,700 liv.

MISSILIMAKINAC

Au Sieur Herbin, commandant, pour sa gratification d'une année, échue en juin 1755	3,000 liv.	
Au second commandant, pour sa gratification d'une année, échue en juin 1755.....	1,000 "	

CHAPITRE DES DÉPENSES—Suite

A l'interprète qui a servi pendant le temps que Farti à descendu à Montréal avec les sauvages..............................	200 liv.	
A Farti, interprète, pour ses appointments d'une année, échue en juin 1755.........	600 "	
	4,800 "	4,800 liv.
BELLE-RIVIÈRE		
Au Sieur de Contrecœur, commandant, au fort Duquesne, pour sa gratification d'une année, échue en juin 1755..............	3,000 liv.	
Au Sieur de Joncaire, commandant à la Paille Coupée, pour sa gratification d'une année, échue en juin 1754.....................	3.000 "	
	6,000 "	6,000 "
FORT DE LA PRESQU'ÎLE		
Au Sieur Douville, commandant, pour sa gratification, échue en juin 1755.........	....	1,000 "
FORT DE LA RIVIÈRE-AU-BŒUF		
Au Sieur Duverger, commandant, pour sa gratification, échue en juin 1755.........	....	1,000 "
MER D'OUEST		
Au Sieur Chevalier de la Corne, commandant, pour sa gratification d'une année, échue en juin 1755...................	....	3,000 "
LA BAIE		
Au Sieur Marin, commandant, pour sa gratification d'une année, échue en juin 1754.	3,000 liv.	
Au Sieur de Villebon, second commandant, pour sa gratification d'une année, échue en juin 1754	2,500 "	
	5,500 "	5,500 "

CHAPITRE DES DÉPENSES—Suite

CHAG8AMIGON			
Au Sieur de la Vérandrie, commandant, pour sa gratification, échue en juin 1755..		2,000 liv.	
A Tremblai, interprète, pour ses appointements d'une année, échue en juin 1754..........	500 liv.	1,000 "	
A lui pour les appointements, échus en juin 1755..........	500 "		
		3,000 "	3,000 liv.
NÉPIGON			
Au Sieur de Saint-Blain, commandant, pour sa gratification d'une année, échue en juin 1755..............			2,000 "
CAMANESTIG8IA ET MICHIPICOTON.			
Au Sieur de Saint-Vincent, commandant, pour sa gratification d'une année, échue en juin 1755...........			2,000 "
SAINT-JOSEPH			
Au Sieur de Saint-Ours, commandant, pour sa gratification d'une année, échue en juin 1755..............			1,800 "
MONTRÉAL			
Au Sieur Frémond, capitaine des postes, pour ses appointements, échus en octobre 1754....................			800 "
Aux Abénakis de Saint-François qui ont été à la Belle-Rivière....................................			3,850 "
Aux Abénakis de Bekancourt qui ont été aussi à la Belle-Rivière....................................			1,400 "
Dépense secrète pour des espions..................			660 "
Frais que j'ai été obligé de faire pour engager les négociants d'envoyer des marchandises à la Belle-Rivière..			360 "
			43,870 "

DISTRIBUTION DES GRACES DU ROI

A Mme la Vve Levittier	200 liv.
A Mme de Quindre	200 "
A Mme La Chauvignerie	200 "
A Mme de Beaucourt	300 "
A M. de Varenne	300 "
A Mlle Linctot	100 "
A Mme Dusablé	100 "
A Mme Desjourdy	200 "
A Mlle Montigni	100 "
A Mme Portneuf	100 "
A la Vve Morisseau	72 "
Aux Dlles Dusablé	100 "
A Mme la Vve Joncaire	150 "
A Mme Demuy	150 "
A Mme Saint-Michel	200 "
A Mme la Vve Linctot	150 "
A Mme Dubuisson, la jeune	150 "
A Mme la Vve Senneville	120 "
A Mme la Vve Dubuisson	100 "
A Mme Tonti	100 "
A Mlle Langy	100 "
A Mlle Vincenne	100 "
A Mlle Vieuxpont	150 "
A Mme la Vve Beautac	150 "
A Mme Lespervanche	200 "
A Mme Portneuf	300 "
A Mlle de Lanouë	100 "
Aux Dlles Duplessis	300 "
A Mme la Vve Hertel	150 "
A Mme Herbin	150 "
A Mme Dabanac	600 "
A Mme la Vve Linctôt	100 "
A Mlle Moues	100 "
A Mlle Saint-Simon, de Québec	100 "
A Mlles Clérin	200 "
A Mlle Dubuisson	100 "
A Mme de Selle	200 "
A l'Hôtel-Dieu } de Montréal	200 "
A l'Hôpital-Général } de Montréal	300 "
Aux Récollets } de Montréal	150 "
A Mlle Langy	100 "
A Mlle Morar	200 "
A Mme Croisille	100 "
A Mlle de Normanville	100 "

DISTRIBUTION DES GRACES DU ROI—Suite

A Mme Montmidi	100 liv.
A M. Destonchaux	300 "
A Mme la Vve Taschereau	300 "
A Mlle Saint-Simon, de Montréal	100 "
A Mlle Belugard	300 "
A Mlle Baraguet	300 "
A Mme Aubert	200 "
A Mlle Gaillard	150 "
A Mlle Dutineau	100 "
Au Sieur Dion	200 "
A Mlle Saint-Martin	200 "
A Mme la Vve Morville	200 "
A Mlle Bayeul	100 "
A Mme de La Ronde	600 "
A l'Hôpital-Général de Québec	200 "
A Mme la Vve Jumonville	300 "
Pour les pauvres incendiés de Montréal, de la campagne, granges abattues par un ouragan, aumônes aux femmes et orphelins de miliciens morts à la Belle-Rivière, et ceux qui ont été estropiés à l'affaire du Sieur de Villiers	3,344 "
	14,336 "

BALANCE

Recettes		65,805 liv.
Dépenses	En gratifications et autres charges..43,870 liv. Pour les grâces du roi..14,336 "	58,206 "
Reste		7,599 "

Fait à Québec, le 12 juillet 1755.

Duquesne.

M. LE MARQUIS DUQUESNE

Québec, le 15 juillet 1755.

Monseigneur,

J'ai l'honneur de vous informer que M. le marquis de Vaudreuil est monté à Montréal le 12 du courant pour accélérer les mouvements qu'il doit faire du côté de Chouaguen, qui deviennent toujours plus pressés par les forces que les Anglois envoient de ce côté-là et les barques qu'ils construisent à toute hâte pour croiser dans le lac Ontario ; je ne mets point en doute que M. le baron Dieskau qui est chargé de cette opération ne réussisse.

Personne de la colonie n'ignore que j'ai offert mes services à M. le marquis de Vaudreuil pour une opération aussi importante, et que je ne lui ai fait observer que tout Canadien qu'il étoit, il n'auroit pas mes mêmes facilités soit pour rassembler promptement sa milice, soit encore pour la célérité du départ, je n'ai eu d'autre réponse de lui, qu'il allait monter à Montréal ; à ce refus je lui ai communiqué, Monseigneur, la lettre que vous m'avez fait l'honneur de m'écrire du 1er avril. Il m'a encore répondu qu'il monteroit à Montréal.

Je lui ai cependant dressé le projet de cette expédition en présence de M. le baron Dieskau et l'ai déterminé à se servir des Sieurs Saint-Jean et Le Mercier pour l'arrangement et la prompte exécution de cette entreprise, ces deux officiers m'ayant donné de fortes preuves de capacité dans mes mouvements.

J'ai remis à ce nouveau gouverneur des mémoires de ce que j'ai fait dans cette colonie et sur tous les objets les plus intéressants qui exigent beaucoup d'attention pour entretenir l'ordre, la règle et l'épargne que j'y ai établis dans tout ce qui a été de mon ressort; je lui ai donné de plus un mémoire sur ce que j'aurois fait si la colonie avoit roulé sur moi dans la circonstance présente.

Je ne puis m'empêcher, Monseigneur, de vous témoigner ma sensibilité sur ce que vous n'avez pas cru agréable de faire rouler sur moi jusques en automne les opérations du Canada; je m'attendois cependant à cet agrément, vu mon travail et les connoissances que j'ai acquises; j'en ai été si vivement touché, qu'après avoir rempli tout ce que je devois à mon successeur et me voyant inutile, j'ai demandé à M. le comte Dubois de la Motte la frégate la Diane pour passer à Rochefort où il me convient d'aller par préférence.

Je suis, etc.

Joint à la lettre de M. le marquis Duquesne, du 15 juillet 1755.

RÈGLEMENT

pour le commerce du poste de Missilimakinac du 6 *juillet* 1755.

Le Mis, etc., etc., etc.

Etant venu à notre connoissance que plusieurs voyageurs qui obtiennent des congés multiplient le nombre de canots autant qu'il leur convient sans qu'ils aient à craindre d'être recherchés sur cet abus ainsi que sur celui de l'eau-de-vie qu'ils portent au delà de la quantité permise, nous avons jugé indispensable de remédier à tous ces abus qui ont pour base la mauvaise foi et l'indépendance, par les articles ci-après.

Article 1er

Lorsqu'un canot arrivera à........... le Sieur........ commandant au dit poste se fera présenter notre permission, et il vérifiera avec toute l'attention dont nous le croyons capable pour l'exécution de nos ordres, si le nombre des canots n'excède pas celui que nous aurons permis, et en cas de contravention il arrêtera et confisquera toute la cargaison de celui qui aura tombé en fraude, il la vendra et nous en enverra le produit pour être adjugé aux hôpitaux. Il nous enverra aussi sous bonne et sauvegarde celui qui étoit chargé de cette même cargaison.

Article 2

Enjoignons au Sieur........... de faire des perquisitions aussi exactes pour ce qui concerne la quantité d'eau-de-vie permise, et lui ordonnons, en cas de contravention, d'infliger la même punition pour cet article que pour celui de la multiplicité des canots.

Article 3

Ayant été de plus informé que nombre des voyageurs qui montent dans les pays d'en haut y fixent, sans notre autorisation, leur demeure, soit pour commercer furtivement d'un poste à l'autre et soit encore pour libertinage avec les sauvagesses. Et voulant remédier à un abus aussi préjudiciable au bien de la colonie à tous égards ; ordonnons au Sieur......... de nous renvoyer ceux qui, dans l'étendue de son poste, ne seront pas reconnus domiciliés à......... et qui sont réputés coureurs de bois.

Article 4

Nous ordonnons de plus au Sieur......... de ne point envoyer commercer dans les postes qui ne sont point de sa dépendance et d'arrêter ceux qui viendront traiter furtivement dans le sien, qu'il nous enverra sous bonne et sauvegarde, en confisquant les effets dont ils seront chargés au profit des hôpitaux.

Nous ne lui laissons pas ignorer que le présent règlement est circulaire afin de fixer chaque commandant dans les bornes de l'étendue de son poste pour le commerce usité et permis.

Article 4

pour le Détroit

Ordonnons en outre au Sieur......... de faire confisquer et brûler toutes les marchandises prohibées qu'on apportera au Détroit, et de nous envoyer sous bonne et sauvegarde les conducteurs des canots qui auront contrevenu aux défenses ci-devant faites, et que nous renouvelons dans toute leur force et vigueur.

Article 5

Ordonnons que notre présent règlement soit lu et publié afin que nul n'en prétende cause d'ignorance.

Fait à Montréal, le 9 mai 1753.

Même règlement pour Saint-Joseph et pour le Détroit, en y ajoutant le commerce prohibé.

Fait à Québec le 6 juillet 1755.

Duquesne.

M. LE MARQUIS DUQUESNE

1755

Monseigneur,

J'ai l'honneur de vous informer de mon arrivée à l'Ile d'Aix sur la frégate du roi, la Diane, commandée par M. de l'Eguille, le 37e jour de notre route, dont ce capitaine vous fait le détail.

Vous verrez, Monseigneur, par ma lettre du 25 juillet, les raisons qui m'ont déterminé à partir de Québec plus tôt qu'il m'a paru que vous l'auriez désiré.

J'ai lieu de présumer que M. le marquis de Vaudreuil vous a informé de la situation actuelle du Canada depuis que je lui ai remis le gouvernement et qu'il est monté à Montréal, ne m'en ayant pas fait part ; M. le comte Dubois de la Motte vous informe aussi de ce qui le compète.

Quoique ma santé ait beaucoup souffert d'une traversée plus fatigante que longue, par l'insomnie dont je suis atteint, je vais faire tous mes efforts pour me rendre auprès de vous, Monseigneur, et vous faire ma cour.

Je suis, etc.

(Cette lettre est sans date)

M. LE MARQUIS DE VAUDREUIL

A Brest, le 15 avril 1755.

Monseigneur,

Je reçois dans le moment vos dépêches, auxquelles je réponds aussitôt, l'une du 22 mars et l'autre du premier avril ; avec mes provisions, ainsi que les ordonnances et mémoires du roi, pour servir d'instructions. Je me conformerai avec zèle en tout ce qui m'est ordonné, et j'agirai toujours, dans toutes les occasions, tant générales que particulières, de concert avec M. le baron de Dieskau, qui commande les troupes, dans tout ce qui tendra à leur bien et à celui du service de Sa Majesté, dont je vous rendrai compte exactement.

M. Hocquart m'a remis les douze médailles que vous m'avez fait l'honneur de m'envoyer.

Je suis, etc.

EXTRAIT *de l'instruction du Sieur de Vaudreuil de Cavagnal, gouverneur et lieutenant général de la Nouvelle-France.*

De toutes les parties de l'administration confiée au Sieur de Vaudreuil, celle qui exige des soins les plus suivis de sa part c'est le gouvernement des sauvages. Il est informé que le Canada est habité par des nations nombreuses, et d'autant plus difficiles à contenir que leur caractère le plus ordinaire est la légèreté et l'inconstance.

L'expérience que le Sieur de Vaudreuil a acquise sur cette importante partie, et la réputation qu'il a depuis longtemps chez toutes ces nations, font espérer à Sa Majesté qu'il profitera de ces avantages avec tout le succès qu'elle peut désirer dans les occasions les plus intéressantes. Mais quelque confiance qu'elle ait en lui, elle ne peut se dispenser d'entrer ici dans quelques explications particulières sur les principes qu'il doit suivre à cet égard.

Sa Majesté veut qu'il apporte toute l'attention dont il est capable à éviter, autant qu'il sera possible, les guerres avec les sauvages. Il y a en Canada des gens fort opposés à ce principe. Mais il n'en est pas moins vrai que ces sortes de guerre ne servent le plus souvent qu'à occasionner beaucoup de dépenses et à troubler la tranquillité de la colonie sans produire aucun avantage réel ; et il est également certain, qu'elles n'ont été pour la plupart causées que par des intérêts particuliers. Ainsi le Sieur de Vaudreuil ne saurait être trop en garde contre toutes les insinuations qui pourront lui être faites sur cette matière.

Ce n'est pourtant pas qu'il convienne de souffrir de certaines insultes de la part des sauvages ; et Sa Majesté en est fort éloignée. Elle entend, au contraire, et il est effectivement nécessaire qu'on emploie dans certains cas la fermeté pour les contenir. Le mal est, et Sa Majesté a eu occasion de s'en apercevoir plus d'une fois, qu'il est assez commun en Canada, de faire grand bruit et même de commencer des guerres pour des faits particuliers de commerce peu intéressants pour la nation, pendant qu'on souffre des insultes qui la font mépriser, et dont la tolérance attire les plus grands désordres.

Le Sieur de Vaudreuil aura à travailler à un autre changement dans le système du gouvernement des sauvages en Canada. Dans la vue de les occuper et de les affoiblir on a cru devoir profiter de toutes les occasions pour fomenter et exciter des guerres contre eux.

Cette politique, qui est fort éloignée des sentiments de justice et d'humanité qui animent Sa Majesté, pouvait être avantageuse et peut-être même nécessaire dans les commencements de l'établissement de la colonie. Mais au point où sont aujourd'hui réduites ces nations, et dans les dispositions où elles sont en général, il est plus convenable à tous égards que les François jouent le rôle de protecteurs et de pacificateurs entre elles. Elles en auront plus de considération et d'attachement pour eux. La colonie en sera plus tranquille, et l'on y épargnera beaucoup de dépenses à Sa Majesté, sans compter qu'il périt toujours des François dans ces occasions. Il peut cependant se présenter des cas où il est à propos d'exciter la guerre contre des nations mal disposées pour les François, et qui pourroient se déclarer ouvertement contre eux. Mais dans ces cas-là même, il y a deux choses à observer. L'une de tenter auparavant de gagner ces mêmes nations, en les réconciliant avec celles qui sont fidèles. Et l'autre de s'assurer autant qu'il sera possible, que celles-ci ne pourront pas trop souffrir de ces guerres.

Il y a encore un autre principe établi depuis longtemps en Canada, et que Sa Majesté remarque qu'on suit dans toutes les occasions. C'est de tirer les nations sauvages des endroits qu'elles ont choisis pour leurs retraites et de les approcher des postes françois. L'esprit de traite a contribué plus que toute autre chose à inspirer cette façon de penser et d'agir. C'est en général fort mal employer l'argent de Sa Majesté, l'autorité ou le crédit des commandants que de s'en servir pour ces sortes de transmigrations. Les sauvages alliés doivent être censés bien partout, pourvu que ce ne soit ni sur un territoire anglois, ni dans le voisinage de quelque nation ouvertement ennemie des François. Et sans trop s'occuper du profit des traiteurs ni des préjugés, où bien des gens sont à cet égard, le Sieur de Vaudreuil doit laisser à certaines nations la liberté d'errer et de vaquer dans les terres de la colonie, pourvu qu'elles n'y reçoivent pas d'étrangers ; car c'est ce dernier point qui est le plus essentiel.

Sa Majesté a eu aussi occasion de remarquer dans les différents comptes qui lui ont été rendus de ce qui se passe par rapport aux sauvages, que depuis quelques années ils se font un jeu de recevoir des colliers et pavillons anglois et ensuite de les porter aux François pour en recevoir des présents. Tout cela est fort coû-

3

teux pour Sa Majesté et d'ailleurs indécent. Il ne convient point d'être la dupe de ces sortes de manœuvres. Le Sieur de Vaudreuil doit les faire cesser ; ce qui lui sera d'autant moins difficile qu'elles ne sont que trop souvent favorisées par les François même.

Approuvé.

M. LE MARQUIS DE VAUDREUIL

A Brest, le 15 avril 1755.

Monseigneur,

Je n'ai eu le temps que de vous accuser la réception de vos dépêches par la poste ordinaire, qui partoit aussitôt. M. Hocquart, depuis, m'a fait savoir qu'il envoyoit un courrier : j'en profite avec plaisir, pour vous assurer de toute l'exactitude que j'apporterai à remplir avec empressement les ordres de Sa Majesté, conformément à vos instructions.

Je vous prie d'être persuadé que je ne négligerai rien pour entretenir une bonne intelligence avec M. le baron de Dieskau, dans tout ce qui pourra intéresser le bien du service, et que j'irai au devant de tout ce qui pourra lui faire plaisir.

J'ai vu avec bien de la satisfaction, Monseigneur, les instructions que vous m'avez envoyées, surtout ce qui a rapport aux affaires présentes de l'Acadie. Cette partie m'étant inconnue. Je vous promets d'agir dans toutes les occasions avec toute la prudence que vous me prescrivez, pour tout ce qui peut regarder ce pays, et notamment vis-à-vis les Anglois. Et je remplirai dans tous les points les ordres que vous m'avez donnés à ce sujet et ceux que vous jugerez devoir me donner.

Lorsque je serai arrivé en Canada, et que j'aurai pris connoissance de l'état actuel du pays, je répondrai à tous les articles contenus dans vos dépêches.

J'ai eu l'honneur, Monseigneur, de vous demander les cartes de l'Acadie, je ne les ai point encore reçues. Je vous supplie de donner vos ordres, pour qu'elles me soient envoyées, m'étant absolument nécessaires.

Le dernier bataillon des troupes destinées à être embarquées, a été mis aujourd'hui à bord. J'ai vu avec joie les officiers et soldats de ces troupes, s'embarquer sans aucune répugnance, et ils m'ont paru contents et satisfaits.

Toute l'escadre est prête à mettre à la voile. Nous n'attendons qu'un vent favorable pour partir.

Je suis, etc.

M. LE MARQUIS DE VAUDREUIL

A Québec, le 27 juin 1755.

Monseigneur,

J'ai l'honneur de vous informer que je me suis débarqué à la prairie le 20 de ce mois, du vaisseau l'Entreprenant, qui y est resté, et que je suis arrivé à Québec le 23; je me suis fait recevoir deux jours après. M. le marquis Duquesne qui est à Montréal ayant donné d'avance à M. le chevalier de Longueuil ses ordres à cet égard.

Notre traversée a été très belle. L'escadre destinée pour Québec y est aussi arrivée, à l'exception cependant des vaisseaux l'Alcide et le Lys que nous attendons tous les jours.

Je ne peux, Monseigneur, vous rendre aucun compte sur la situation actuelle des affaires de la colonie, j'attends au premier jour M. le marquis Duquesne, pour en conférer, et j'aurai l'honneur de vous écrire plus amplement par un navire qui partira la semaine prochaine.

Je suis, etc.

M. LE MARQUIS DE VAUDREUIL

A Québec, le 10 juillet 1755.

Monseigneur,

J'ai eu l'honneur de vous informer par ma lettre du 3 du courant, que les Anglois faisoient filer quantité de monde du côté de Chouaguen, qu'ils y avoient bâti des barques portant 10 canons, et deux espèces de petites galères ; qu'un corps d'armée de 3,000 hommes s'assembloit aussi au fort de la Nécessité, qui est à environ 40 lieues du fort Duquesne, et que son avant-garde, qui étoit de 700 hommes, y étoit déjà rendue.

Ces nouvelles nous ont été confirmées par des sauvages affidés de différents villages, et ils nous en ont donné des certitudes assez fortes pour n'en point douter. Ils nous ont même ajouté, comme chose très sûre, qu'il alloit 4,000 hommes à Chouaguen, que les cinq nations se tiendroient sur les ailes de cette armée, que les Anglois vouloient s'emparer de Niagara et du fort Frontenac, et qu'en outre on avoit construit 600 bateaux à Orange, qu'on y travailloit encore à beaucoup d'autres, qu'il y avoit aussi 5,000 hommes tentés au dehors d'Orange... que cette armée devoit marcher contre le fort Saint-Frédéric, et s'avancer ensuite sur nos habitations de ce continent; je vais, Monseigneur, envoyer quelques secours en hommes à ce dernier fort, mais cette diversion ne me fera rien changer à mon projet du lac Ontario, dont j'ai eu l'honneur de vous faire part. La conservation de Niagara est ce qui nous intéresse le plus, si nos ennemis en étoient maîtres, en conservant Chouaguen, les pays d'en haut seroient perdus pour nous, et nous n'aurions plus aussi de communications avec la rivière Oyo.

J'avois eu l'honneur de vous marquer que je ferois rabattre sur Niagara 400 hommes que je prendrois à la Presqu'île, mais le danger où est le fort Duquesne m'a fait changer d'avis, et ils se rendront à ce dernier fort.

Je vous avouerai, Monseigneur, que je me trouve très embarrassé et que je pense que tout autre le seroit fort à ma place, j'arrive dans un pays où l'on m'assure que tout est tranquille, je n'y trouve en conséquence aucun approvisionnement, ni de voitures faites, et il me faut faire face de tous les côtés aux entreprises des ennemis en moins de 6 semaines. On travaille à force aux préparatifs nécessaires, et malgré l'activité de M. Bigot, je doute qu'il puisse me mettre en état de remplir entièrement mon projet.

Vous saurez, Monseigneur, cet automne, la réussite des opérations que je projette, et ce ne sera que l'événement qui pourra me décider sur les demandes que j'aurai à vous faire.

Je pars demain pour me rendre à Montréal où ma présence est nécessaire, tant pour le départ des troupes que pour ordonner les levées de miliciens.

Je suis, etc.

ORDRE GÉNÉRAL POUR LA MARCHE ET L'ATTAQUE

M. de Saint-Pierre, ayant sous ses ordres tous les sauvages et le corps de M. de Repentigny, marchera à la tête de l'armée dans telle disposition qu'il jugera nécessaire et enverra à la découverte, en avant, sur les derrières et sur les flancs en tel nombre qu'il voudra.

Quand l'armée marchera sur trois colonnes, on suivra l'ordre de bataille qui a été donné, et on tiendra au moins cent pas de distance d'une colonne à l'autre, afin que les bataillons de France ayant du terrain pour se mettre en bataille, lorsqu'il leur sera ordonné. Quand l'armée marchera sur deux colonnes, les bataillons de la Reine et de Languedoc recevront ordre pour savoir s'ils doivent marcher à la queue de la colonne de la droite ou de la gauche.

Quand l'armée marchera sur une colonne, celle de la droite, commandée par M. de Raymond, marchera la première, la colonne de la gauche, commandée par M. de Vassant, suivra celle de la droite, et la colonne du centre, commandée par M. de Rocquemaure, suivra cette dernière et sera suivie de la compagnie d'artillerie qui formera la queue.

Si l'armée marchoit sur trois colonnes et qu'en cette disposition il fallut combattre l'ennemi dans le bois, alors M. de Saint-Pierre, avec les sauvages et le corps de M. de Repentigny, attaquera avec la dernière vigueur, le gain de la bataille dépendra sans doute de cette brusque attaque ; il sera soutenu par les trois colonnes, celle de la droite, marchant à la canadienne, dépassera l'ennemi pour le prendre en flanc.

La colonne de la gauche fera de même de son côté, et la colonne des bataillons de France marchera droit à l'ennemi, et attaquera en colonne, à moins qu'il ne soit ordonné de se mettre en bataille, ce qui ne manquera pas d'arriver; si le terrain le permet ces bataillons feront leur attaque comme les troupes réglées doivent la faire sans se rompre et sans s'éparpiller.

Si l'armée étoit obligée de combattre, marchant sur deux colonnes, elles feront la même manœuvre comme il est dit ci-dessus, et les bataillons de France marcheront droit à l'ennemi pour l'attaquer soit en colonne soit en bataille, selon qu'il leur sera ordonné.

Si l'armée étoit obligée de combattre sur une colonne, les deux brigades de M. de Raymond feront la même manœuvre ci-dessus expliquée ; ainsi que les deux brigades de M. de Vassans, lesquelles se porteront légèrement sur l'aile de l'ennemi, et les bataillons de France suivis de la compagnie d'artillerie marcheront droit à l'ennemi pour l'attaquer suivant l'ordre qu'ils recevront.

Dans la marche les colonnes de la droite et de la gauche marcheront sur 10, 11 ou 12 de front, et on laissera une petite distance d'une compagnie à l'autre afin qu'elles ne se mêlent point, à quoi Messieurs les officiers qui commandent les compagnies doivent avoir grande attention.

Messieurs les commandants des colonnes de la droite et de la gauche, auront grande attention que pendant la marche, leurs colonnes soient toujours en ordre ; mais dès qu'il sera question d'attaquer l'ennemi on se portera légèrement et on attaquera à la canadienne.

La colonne des bataillons de France marchera sur 8 pelotons par bataillon, ce qui fera 16 sur toute la colonne, et à peu près 12 de front par chaque peloton. Les bataillons resteront toujours en ordre sans jamais s'éparpiller tant pendant la marche que dans l'attaque, et si le terrain le permet, ils se mettront en bataille aussitôt que les Canadiens et les sauvages feront leur attaque, afin que les attaquants puissent se rallier derrière eux au cas qu'ils soient repoussés.

Toutes les troupes en général, tant sauvages qu'autres, sont averties de ne pas s'amuser à piller pendant le combat, et de suivre l'ennemi le plus loin qu'il sera possible ; et lorsque la bataille sera entièrement finie on pillera le camp.

M. de Saint-Pierre aura la bonté de faire entendre raison là-dessus aux sauvages, surtout de ne pas s'amuser à enlever des chevelures, que l'ennemi ne soit entièrement défait, attendu que l'on peut tuer 10 hommes pendant qu'on enlève une chevelure.

J'attends cette obéissance de mes enfants.

Au fort de Frédéric, ce 26 août 1755.

(Signé) LE BARON DE DIESKAU.

(Pour copie)

DE VAUDREUIL.

NOTES A REMETTRE

à M. l'Intendant pour les ouvrages essentiels et indispensables à faire faire.

Construire quarante bateaux au petit portage de Niagara où il faut envoyer des clous, de l'étoupe et du brai.

La forêt de la Rivière-au-Bœuf ne pouvant plus fournir des arbres pour faire des pirogues, il faut y envoyer des charpentiers pour construire 150 bateaux de planche à l'Angloise fort légère ; il faut encore des clous, de l'étoupe, brai, et calfats, etc., etc.

Faire construire au fort Frontenac deux barques de 60 à 80 tonneaux à plates varrangues et fortes pour les échouages, mais on ne peut déterminer cette construction que suivant le succès de l'expédition projetée. On peut s'occuper en attendant à la coupe du bois et à *l'avitoitement* (*sic*) de ces barques ; cette construction a pour objet non seulement le transport des vivres, mais encore celui de 600 hommes qu'on pourroit aisément faire passer sur les quatre barques.

Nota — Ces mêmes barques pourroient servir à détruire celles que les Anglois ont construites à Chouaguen.

A examiner s'il ne conviendroit pas de construire une seconde barque à Saint-Jean, où il faudrait en outre construire cinquante bateaux sur le lieu à cause des difficultés qu'il y a de les y faire parvenir, ce seroit d'une grande commodité et d'une grande épargne et l'on pourroit envoyer 800 hommes sur les voitures.

Il faut cent bateaux à Québec, cinquante au fort Saint-Jean et deux cent cinquante à la Chine, et le tout plus ou moins suivant les circonstances, mais il y a à observer et même ordonner qu'il faut que tous ceux qu'on amènera de l'expédition restent à la Chine, parce qu'on est à portée de s'en servir au besoin, et qu'on épargne une pistole par bateau pour les y faire rendre de Montréal, d'ailleurs le terrain de la commune de la Chine est assez grand et commode pour en contenir plus de mille.

Je serois d'avis qu'on établit chez Pilet un chantier de construction qui épargnerait beaucoup au roi, puisqu'on tire tous les bois de Chateauguay pour cette même construction, ce qui constitue beaucoup en frais.

En conséquence je ne laisserai à Montréal que la quantité de bateaux qu'il faut pour le service de cette place.

L'établissement d'une boulangerie et d'un blutoir seroit encore plus important à la Chine, et le roi seroit bientôt remboursé des frais de cet établissement par l'épargne des transports et les déchets qu'ils occasionnent.

Quoiqu'on ait transporté beaucoup de vivres pour la Belle-Rivière, il faut penser sérieusement à en envoyer le plus que l'on pourra à cause de la multitude de sauvages à laquelle on ne s'attendoit pas, qui occasionneront une grande consommation.

Envoyer des vivres à la rivière Saint-Jean.

Fait à Québec, ce 6 juillet 1755.

DUQUESNE.

M. LE MARQUIS DE VAUDREUIL

A Montréal, le 24 juillet 1755.

Monseigneur,

J'ai eu l'honneur de vous rendre compte par mes lettres des 2 et 10 de ce mois, de la fâcheuse situation de la colonie, que ma surprise en avoit été si grande, que je n'aurais eu garde de m'y attendre, fondé sur la certitude que M. le marquis Duquesne me donnait que le gouvernement était tranquille, qu'il avoit prévu à tout, et qu'il n'y avoit pas d'apparence qu'on dut craindre aucun mouvement de la part des Anglois.

Depuis mon arrivée à Montréal, je ne cesse d'apprendre la confirmation des mauvaises nouvelles. Elles ont même grossi avec tel excès, que je ne puis refuser à mon devoir, d'avoir l'honneur de vous en instruire.

Les Anglois se multiplient de jour en jour, et n'hésitent pas de dire, surtout aux sauvages, qu'ils enlèveront le fort Saint-Frédéric, le fort Duquesne, Niagara, le fort Frontenac et la Présentation. Leurs vues à tous ces égards ne sont point douteuses suivant les rapports unanimes qui ont été faits aux commandants de ces postes par leurs découvreurs, et nombre de prisonniers successivement les uns aux autres. J'ai interrogé tous ces prisonniers et aucun n'a démenti les avis que j'ai.

Les Anglois paroissent toujours en vouloir au fort Saint-Frédéric, et s'arranger pour cet effet à Orange. Leurs mouvements ont même si effrayé les habitants qui ont leurs terres au-delà du fort qu'ils les ont abandonnées. Le détachement que j'ai fait partir pour y établir un camp d'observation doit être rendu à sa destination. J'ai donné ordre au commandant d'envoyer continuellement des découvreurs et de me faire part aussitôt de leur rapport.

Le fort Duquesne est réellement menacé. Le 7 de ce mois les Anglois étoient à 6 ou 8 lieues de ce fort ; on m'écrit qu'ils sont au nombre de 3,000 avec de l'artillerie et autres munitions pour faire un siège.

Je ne serois point en peine pour ce fort si l'officier qui y commande possédoit toutes ces forces. Elles consistent à environ 1,600 hommes tant en troupes milices que sauvages.

Avec ces forces, ce commandant auroit été en état de former des partis assez considérables pour inquiéter la marche des Anglois du premier instant qu'il en a eu connoissance. Ces partis les auroient harselés, les auroient sûrement rebutés. Tout nous favorisoit à cet égard, et nous donnoit un très grand avantage.

Mais malheurensement on n'avoit point prévu dès l'automne à pourvoir ce fort en vivres et munitions de guerre. En sorte que ce commandant manquant de l'un et de l'autre, est obligé d'employer la majeure partie de son monde à faire le va-et-vient pour le transport de ces vivres et munitions ; elles ne peuvent pas même lui parvenir abondammant à cause de la lenteur du portage de la Presqu'île, et le peu d'eau qu'il y a dans la Rivière-au-Bœuf.

Je dois d'ailleurs observer que le fort Duquesne n'a jamais été dans sa perfection et est au contraire susceptible de bien des défauts capitaux ; le plan ci-joint le justifie.

Il est vrai que le commandant, pressé par les officiers de la garnison qui s'appercevoient de tous ces défauts, prit sur lui dès le printemps de demander au commandant du Détroit, le Sieur de Léry, sous ingénieur, et que cet officier a mis le fort dans le meilleur état qu'il a pu, sans cependant oser entreprendre d'y rien changer.

Je crains, Monseigneur, avec raison, les premières nouvelles de ce fort, et je seroi agréablement surpris si l'Anglois a été forcé d'abandonner son entreprise.

A l'égard de Niagara il est certain qu'il est aux Anglois s'ils parviennent à l'attaquer.

On me marque que ce fort est si délabré qu'il n'est pas possible d'y mettre une cheville sans le faire tomber par morceaux, on est obligé d'y mettre des étançons pour le soutenir. La garnison est composée de trente hommes qui n'ont point de fusils. Le Sieur de Villiers a été détaché avec environ 200 hommes pour y établir un camp d'observation.

Voilà, Monseigneur, un abrégé vrai de l'état où M. le marquis Duquesne m'a remis le gouvernement pour les parties que je viens de traiter.

Je ne crois pas devoir vous cacher que les préparatifs des Anglois n'ont pas été ignorés dans la colonie, ils ont été généralement sus dès l'instant même qu'ils ont pris naissance; il auroit été facile dans leurs commencements, de les éteindre sans nous compromettre. J'ajoute que les deux capitaines anglois qui sont ici en ôtage ont eu autant de liberté que s'ils eussent été mandés pour connoître parfaitement notre situation. Ils ont couru les villages de nos sauvages domiciliés et ont conféré avec eux. Ils ont même instruit leurs gouverneurs de nos forces et de nos desseins, je les ai fait renfermer.

Le mal est fait, il est si visible, que je puis dire sans trop de prévention, qu'il auroit été à souhaiter que j'eusse été en possession de ce gouvernement il y a trois ans, la colonie et les finances ne seroient point si excessivement épuisées.

Quelque grand que soit le mal, il faut que j'y remédie, et pour remplir mes vues et mon zèle à cet égard, je ne saurois perdre de vue mon projet sur Chouaguen, puisque du succès de ce projet dépend la tranquillité de la colonie.

L'expédition de Chouaguen qui, de tous les temps auroit été aisée, est malheureusement aujourd'hui bien épineuse, et cela (je ne puis que le réitérer), parce que les Anglois n'ont trouvé aucun obstacle dans leurs travaux et apprêts.

La sécurité de la colonie les a même rendus si orgueilleux, qu'ayant atteint enfin le degré de perfection auquel ils aspiroient, ils ont hardiment levé le masque, et dès les premiers jours de juin ils ont été assez osés pour envoyer trois boulets sur le pavillon du roi, arboré sur le bateau d'un officier qui conduisoit un détachement à la Belle-Rivière.

Ils ont actuellement deux et peut-être trois barques à fonds plats et à rames armées en guerre, qui croisent sur le lac Ontario. De jour à l'autre ils doivent mettre à l'eau d'autres barques pour le même effet.

On m'écrit du 20 de ce mois que ces deux barques ont été avec plusieurs bateaux jusqu'au-dessus de Quinté, où les Anglois ont débarqué, et qu'il est certain qu'ils doivent aller à Niagara.

Chouaguen n'est plus une maison de traite, il est fortifié en bonne règle, et muni convenablement de pièces d'artillerie. Il y a un second fort également muni de pièces d'artillerie. Les bois qui environnoient Chouaguen et qui nuisoient à sa défense, n'existent plus, ils en ont rendu les approches difficiles. Ils y sont nombreux et ils le deviennent encore plus de moment en moment par les troupes qui leur viennent d'Orange.

Cependant, Monseigneur, j'agis avec confiance, et j'ose me flatter de faire raser Chouaguen.

L'armée sera composée d'environ 4,300 hommes, dont 2,000 hommes de troupes réglées, 1,800 Canadiens et 500 sauvages domiciliés. Je vois avec joie que les uns et les autres se portent d'un grand cœur à remplir mes désirs.

Cette armée sera pourvue de pièces d'artillerie portatives, et généralement des munitions de guerre et ustensiles nécessaires pour un siège.

Depuis le 12 de ce mois les troupes défilent par brigade pour se rendre au fort Frontenac. J'espère que le dix du mois prochain, le reste de l'armée sera parti de Montréal, et qu'à moins de temps contraire, toutes mes forces seront réunies au fort Frontenac le 25 du même mois.

J'aurois eu, Monseigneur, une satisfaction extrême à marcher à la tête de l'armée, persuadé de l'effet que mon zèle pour le service du roi et pour ma patrie auroit produit de la part des soldats Canadiens et surtout des sauvages. Mais le fort Saint-Frédéric étant également menacé, ma présence devient nécessaire à Montréal.

M. le baron de Dieskau commandera cette armée. Je confère journellement avec lui, et je vois avec plaisir qu'il désire ardemment d'accomplir mes vues.

J'ai toujours les intentions du roi présentes, et c'est en m'y conformant que je m'occupe aussi sérieusement que je le fais de la destruction de Chouaguen.

Le procédé des Anglois n'est point équivoque pour user de représailles de la prise de Beauséjour, de la rivière Saint-Jean ne m'autorise que trop à agir hostilement.

Quant aux Cinq Nations, je ne compte point sur leurs secours, mais je ne désespère pas qu'ils ne soient neutres.

Si je différois l'expédition de Chouaguen et que les Anglois, après s'être rendus maîtres de Niagara, fortifiassent solidement ce fort, il est sensible qu'ils nous boucheroient la communication des postes du sud, et qu'ils se mettroient en état d'envahir tous nos pays d'en haut.

Chouaguen pris et rasé, tous les progrès que les Anglois pourroient avoir faits jusqu'alors, tombent. Quand bien même les Anglois auraient pris Niagara, je ne leur donnerai pas le temps de s'y établir, et par la même expédition je les en délogerai.

Chouaguen est depuis l'instant de son établissement le rendez-vous des différentes nations sauvages. C'est de Chouaguen que sortent tous les colliers et les paroles que les Anglois font répandre chez les nations des pays d'en haut. Ça toujours été à Chouaguen que les Anglois ont tenu conseil avec les nations et qu'à force de présents, principalement en boissons enivrantes, ils les ont déterminées à assassiner les François.

Enfin, c'est par conséquent Chouaguen qui est la cause directe de tous les troubles survenus dans la colonie, et des dépenses infinies qu'ils ont occasionnées au roi.

De la destruction de Chouaguen il s'en suivra.

D'un côté le parfait attachement de tous les sauvages du pays d'en haut. De l'autre une diminution considérable des dépenses que le roi fait annuellement pour la colonie.

Les Cinq Nations eussent-elles pris parti pour les Anglois, ils l'abandonnent dès l'instant que Chouaguen ne subsiste plus. Les nations sauvages n'ayant plus la ressource des Anglois pour avoir des boissons enivrantes, je détruirai insensiblement la traite des eaux-de-vie en certains postes qui est pernicieuse au bien du service et du commerce.

Ces mêmes nations ne reconnaissant et ne pouvant avoir de liaison qu'avec le François, dès ce moment la quantité prodigieuse de castor et de pelleterie qui alloit aux Anglois rentrera au commerce de France.

Je viens d'apprendre dans le moment que le capitaine Chabot, parti de la baie des Chaleurs le 7 juillet, arrivé le 23 à Québec, dit avoir vu deux gros vaisseaux et un plus petit à trois mâts en croisière entre Bonaventure et Fourion, qui tirèrent le soir deux coups de canon, qu'il ne doute nullement que ce ne soit des Anglois. Suivant le rapport des pêcheurs de Gaspé, ils en ont compté jusqu'à 47 qui tiennent toute la côte jusqu'à l'île Saint-Jean.

Soyez persuadé, je vous supplie, Monseigneur, de mon exactitude à remplir tout ce qui m'est prescrit par mes instructions, et que je ferai tout mon possible pour signaler mon zèle pour le service du roi.

J'ai l'honneur d'être, etc.

En marge : Porté au roi le 6 septembre 1755.

A M. LE MARQUIS DE VAUDREUIL

Le 5 septembre 1755.

Depuis votre arrivée à Québec, Monsieur, je n'ai reçu de vous que les deux lettres particulières des 2 et 10 juillet, et celle que vous m'avez écrite en commun avec M. Duquesne, le 5 du même mois. Mais je présume qu'il y en avoit d'autres dans les paquets qui avoient été remis au capitaine du navire, le Pierre-Alexandre, arrivé à Bordeaux, lequel a déclaré les avoir jetés à la mer au nombre de 22, qui étoient renfermés dans un sac, à la rencontre qu'il a faite d'une frégate angloise, qui l'a visité le 17 août à la hauteur de l'Isle Dieu. Et je compte de recevoir d'autres nouvelles par le retour des vaisseaux de M. Dubois de La Motte, que j'attends d'un jour à l'autre avec beaucoup d'impatience.

Nous avions déjà appris par les nouvelles de l'Angleterre, la prise par les Anglois des postes de Beauséjour et de Gaspareaux, et la marche de différents corps de troupes de cette nation contre le fort de la rivière Saint-Jean, celui de Saint-Frédéric, celui de Niagara et celui de la Belle-Rivière.

Le roi a approuvé le parti que vous avez pris, sur l'avis que vous avez eu de toutes ces entreprises, de faire marcher M. Dieskau pour en empêcher ou réparer l'exécution suivant le plan d'opérations que vous avez concerté tant avec cet officier qu'avec M. Duquesne ; et vous devez bien juger que ce ne sera pas sans impatience que Sa Majesté attendra des nouvelles de ces opérations.

Ce n'est pas non plus sans peine que Sa Majesté se voit forcée par les hostilités des Anglois à prendre des mesures si opposées à son amour pour la paix et aux efforts qu'elle a faits pour la maintenir avec cette nation.

Il n'y a pourtant pas encore de déclaration de guerre de part ni d'autre. Sur la première nouvelle de la prise des vaisseaux, l'Alcide et le Lys, Sa Majesté a fait revenir son ambassadeur de Londres, et son ministre d'Hanovre, sans prendre congé. Les vaisseaux de guerre anglois visitent tous nos navires marchands qu'ils rencontrent, mais nous n'avons pas appris qu'ils en aient encore retenu aucun. Nous avons cependant lieu de croire qu'ils ne ménageront pas ceux qu'ils rencontreront avec des provisions pour le Canada et l'Isle Royale ; et ils ne font pas mystère de leurs projets sur cela. Quoi qu'il en soit, je ne puis, pour le présent, que vous prescrire de vous conformer à vos instructions relativement à la conduite des Anglois. Elle vous donne déjà plus d'occupation que nous n'avions pensé. Mais Sa Majesté est persuadée qu'avec les secours que vous avez, vous parviendrez à faire échouer leurs injustes entreprises et à soutenir la gloire de ses armes.

Les nouvelles que nous avons reçues d'Angleterre augmentent la confiance du roi. Elles nous annoncent d'une manière positive la défaite entière du corps de troupes qui avoit marché de la Virginie contre le fort de la Belle-Rivière, sous le commandement du général *Braddock*, qui y a été tué. Je compte que les premiers bâtiments qui viendront de Canada, m'en apporteront le détail circonstancié, et je vous préviens que le roi est déterminé à donner des récompenses marquées à ceux qui s'y sont distingués.

Je vous confie en même temps que Sa Majesté est dans des dispositions qui sont bien différentes, et fondées cependant sur le même principe, à l'égard des officiers qui étaient aux forts de Beauséjour et de Gaspareaux. Suivant des avis particuliers qui sont venus ici, et selon ce que les Anglois en ont eux-mêmes publié, ces forts ont été très mal défendus, et celui de Gaspareaux a été même rendu avant que les Anglois y fussent arrivés. Le roi veut savoir ce qui s'est passé, et il est en effet important par toute sorte de raisons que la conduite de ces officiers soit éclaircie. Sa Majesté désire que vous me mettiez en état de lui rendre compte de tout ce que vous aurez pu apprendre ; et je vous prie d'y satisfaire sans complaisance pour personne.

Porté au roi le 6 septembre 1755.

A MM. LES CHEVALIERS DE DRUCOURT ET PRÉVOT

A Versailles, le 5 septembre 1755.

Par ma dépêche du 29 juillet dernier, je vous ai, Messieurs, accusé la réception des lettres que vous m'avez écrites par la goëlette l'Espérance arrivée à Bayonne, et dont les duplicatas me sont parvenus par le bateau Le Jason venu à La Rochelle. J'ai reçu depuis celles dont vous aviez chargé le capitaine du bateau l'Apollon, et celui du navire l'Estienne-Pierre, mais celui de la goëlette la Geneviève a déclaré, à son arrivée à Nantes, qu'ayant rencontré le 21 juillet, à 10 lieues à l'Est de Louisbourg, 5 vaisseaux de guerre anglois, ils l'ont visité et décacheté plusieurs lettres, qu'ils en ont gardé trois, mais que les paquets que M. Prévôt lui avoit remis ont été jetés à la mer, suivant les ordres qu'il lui en avoit donné.

Quoique je n'aie rien à ajouter à ce que je vous ai expliqué des intentions du roi sur ce qui regarde la défense de la colonie par ma dépêche du 29 juillet, dont je joins ici le triplicata, j'ai proposé à Sa Majesté d'envoyer à Louisbourg sa frégate LaValeur, commandée par le Sieur Maccarty, et je compte que cette frégate partira incessamment de la rade de l'Isle d'Aix.

Deux raisons principales ont déterminé Sa Majesté à lui donner cette destination.

Premièrement. — Pour vous faire savoir que les affaires avec l'Angleterre sont encore dans le même état où elles étoient le 29 juillet. Il n'y a point eu de déclaration de guerre de part ni d'autre. Les Anglois n'arrêtent pas même nos navires marchands, mais ces incertitudes ne doivent servir qu'à vous rendre chacun en ce qui vous concerne, plus attentifs à prendre toutes les mesures possibles pour la sûreté de la colonie, car il faut s'attendre à tous les événements de la part des Anglois.

Deuxièmement. — Sa Majesté a pensé qu'il pourroit être utile d'avoir une frégate à Louisbourg pour s'en servir le printemps prochain, dès l'ouverture de la navigation, soit pour avoir des nouvelles des mouvements des Anglois, soit pour la défense même de Louisbourg, en cas que cette place soit attaquée ; car alors l'équipage de la frégate pourroit être utilement employé, particulièrement au service de l'artillerie. Le roi ne prescrit cependant point à M. le chevalier de Drucourt de garder cette frégate ; Sa Majesté s'en remet à sa prudence pour prendre le parti qu'il jugera le plus convenable à cet égard, relativement aux circonstances. S'il la renvoie cette année, ce sera une occasion de plus pour m'informer de la situation de la colonie, et me faire passer les détails que vous aurez à me faire.

C'est toujours avec la plus grande impatience que j'attends M. de Salvert, et je suis même d'autant plus inquiet de son retardement que j'ignore d'un côté quelles dispositions il se proposoit de faire pour son retour, et d'un autre s'il avait d'autres raisons que la crainte des escadres angloises pour prolonger son séjour à Louisbourg.

Depuis la nouvelle de la prise des forts de Beauséjour et de la baie Verte, le bruit a couru en Angleterre que celui de la rivière Saint-Jean et de la Pointe à la chevelure sur le lac Champlain, s'étoient aussi rendus aux Anglois, mais cela n'est pas encore confirmé.

Nous venons d'apprendre d'un autre côté par la voie d'Angleterre la défaite totale du corps de troupes qui avoit marché contre le fort Duquesne sous le commandement du général Braddock qui y a été tué ; et vous aurez sans doute appris par Québec le détail de cette action qui a été des plus avantageuses pour nous.

Mais quelque chose qui se passe en Canada, Louisbourg exige les plus grandes attentions ; et Sa Majesté est disposée à y en donner une particulière ; si les secours de vivres qui y ont été destinés de France y arrivent sans accident, la place en sera bien pourvue. C'est avec bien du plaisir que j'ai appris l'arrivée de ceux que M. Bigot y a fait passer sous l'escorte du sieur de la Jonquière, j'espère que M. Prévôt aura pu s'en procurer d'ailleurs, et l'année prochaine j'en ferai envoyer de bonne heure.

A l'égard des fonds, outre ceux que la frégate la Diane et la Fidèle ont apportés, il a été embarqué 200,000 livres sur la flûte l'Outarde, et la flûte La Valeur portera 100,000 livres.

Je suis, messieurs, très parfaitement à vous.

Joint à la lettre de M. Chastenaye du 19 septembre 1755.

Tout était tranquille en apparence à Québec le 8 juin, et l'on y avoit encore alors nulle défiance du projet des Anglois, parce qu'ils n'avoient fait aucun mouvement le printemps. La seule inquiétude des officiers commandants en cette colonie, était au sujet de l'escadre qu'ils attendoient, et que M. de l'Eguille, commandant la frégate la Diane, leur avoit annoncée pour le commencement de mai.

Cinq ou six jours après on apprit par un navire qui venoit de la baie Verte que les Anglois avoient débarqué des troupes qu'ils avoient portées avec 25 ou 30 bateaux ou goëlettes, escortés de trois *senaux* de 16 à 18 canons chacun à la baie Françoise, où il ne peut entrer ni même approcher de plus gros bâtiments.

A peine ceux-ci parurent-ils que M. DeVergor, commandant au fort de Beauséjour en Acadie, fit avertir le capitaine de ce navire mouillé à la baie Verte d'en sortir, et qu'il se prépara à recevoir les Anglois, qui les bloquèrent le lendemain, en sorte qu'après avoir soutenu onze jours de siège, il fut contraint de capituler. Quoique dépourvu de troupes et de munitions de guerre et de bouche, il n'auroit pas laissé que de tenir encore quelques jours sans la grande quantité de bombes dont il étoit assailli, et qui le réduisirent.

Cette nouvelle fut d'abord portée à Québec par M. l'abbé Le Loutre qui trouva le moyen de se sauver du fort où il étoit, avant que les Anglois s'en fussent rendus maîtres.

La capitulation est conçue dans les mêmes termes que celle des Anglois lorsqu'on les somma de quitter ce pays. On assure que tous les François ont été envoyés à Louisbourg avec des bâtiments de transport que les Anglois leur ont fournis à leurs frais.

Du 12 au 15, M. Dubois de La Motte arriva avec son escadre dont il lui manquoit trois bâtiments, les autres n'ont pu se réunir que fort avant dans la rivière. Ils avoient tous été séparés aux environs du banc de Terre-Neuve par les brumes.

Du 1er au 5 juillet, M. le marquis de Vaudreuil reçut un courrier venant des environs de l'Acadie qui lui annonça la prise des deux vaisseaux du roi, l'Alcide et le Lys. Le premier armé en guerre, commandé par M. Hocquart, et l'autre armé en flûte.

La rencontre de ces deux vaisseaux avec l'escadre angloise se fit le 8 juin. Elle étoit de onze bâtiments.

M. Hocquart crut, à ce qu'on assure, que c'étoit l'escadre françoise. Il fit des signaux, et soit que les Anglois rencontrèrent à la réponse, ou que M. Hocquart le comprit, il arriva dessus, et le Lys le suivit ; mais un troisième bâtiment nommé l'Actif qui étoit avec lui, et qui est heureusement arrivé à Louisbourg, s'en défia, et tint le vent. S'étant approchés, ayant vu que c'étoient des Anglois, on dit que l'Alcide et le Lys voulurent en faire autant, mais qu'il n'étoit plus temps. Vers le midi, le premier fut joint par un des vaisseaux anglois qui le somma d'arriver, et d'aller parler à l'amiral, à qui M. Hocquart, qui étoit dans sa galerie, répondit que les vaisseaux du roi, son maître, ne recevoient des ordres de personne, et ne changeoient point leur route quand ils avoient une destination. L'anglois lui dit une seconde fois d'arriver ou qu'il l'alloit couler bas, à cette réponse M. Hocquart lui répliqua de le faire. Eh bien, Monsieur, répartit l'anglois, entrez dans votre chambre, et à peine se fut-il aperçu qu'il y étoit entré, qu'il lui tira toute sa bordée à laquelle M. Hocquart riposta ; mais l'instant après, cinq autres vaisseaux anglois se joignirent au premier et se mirent tous six sur l'Alcide qui fut bientôt délabré, criblé et obligé de céder à la force après avoir perdu 250 hommes. Pendant ce combat le Lys voulut prendre chasse, mais les Anglois ayant réduit l'Alcide ne laissèrent qu'un vaisseau pour l'amariner, et se mirent tous à poursuivre l'autre qui fut joint à 4 heures et contraint de se rendre après une faible résistance. Le premier étoit déjà à Chibouctou, et l'on y attendoit l'autre lorsqu'on dépêcha la nouvelle.

Le 5 août, M. Dubois de La Motte qui étoit encore en rivière paroissoit disposer à en partir avec le reste de son escadre. Il doit en être sorti au plus tard à la fin de ce mois là.

Au commencement de juillet, M. le marquis de Vaudreuil reçut plusieurs courriers qui lui annoncèrent les préparatifs que faisoient les Anglois pour attaquer tous, ou du moins la majeure partie de nos différents postes et forts. Celui de Chouaguen qu'ils ont sur le bord du lac Ontario, sur notre passage en venant de Niagara qui est l'entrepôt des pelleteries qui nous viennent d'en haut, a tiré sur nos voyageurs. Aux environs de là, les Anglois faisoient construire un nombre infini de canots et trois grandes barques.

Le fort Duquesne, nouvellemeut construit, a été aussi menacé et 2,500 à 3,000 Anglois étoient en marche pour en aller faire le siège, mais le commandant qui avoit, dit-on, près de 2,000 hommes de garnison, fut les attendre à demi-lieue du fort en rase campagne où il se donna une bataille, après laquelle les Anglois se retirèrent avec 500 hommes de perte et nous 200.

Du 1er au 10 juillet toutes nos troupes venues de France, partirent avec deux mille cinq cents Canadiens pour les pays d'en haut, et M. le marquis de Vaudreuil pour Montréal. On assure qu'ils vont former un corps de sept à huit mille hommes et qu'ils veulent s'emparer du fort Chouaguen et le raser.

Il tardoit déjà à M. Pieser, commandant des troupes, ainsi qu'à tous les officiers d'être aux prises, et de voir la querelle terminée pour retourner à Québec et à

Montréal. Ce qui les a beaucoup mortifiés, c'est que la caisse militaire s'est malheureusement trouvée embarquée sur l'Alcide.

(non signé)

RÉPONSES FAITES PAR UN PRISONNIER

L'armée est partie vendredi passé, elle devoit être de 600 hommes, elle s'en est allée par terre.

Il y a environ 400 bateaux le long de la rivière auprès du fort.

M. Johnson commande en chef, il étoit encore au fort, en son absence M. Leman, son second, doit commander.

Ils ont 400 sauvages des Six Nations sous le commandement de M. Johnson, qui a aussi un second pour les commander, dont il ignore le nom.

Le canon a été tiré pour 340 sauvages qui arrivoient d'Orange, il y en avait déjà 60 au fort.

Ce qu'ils font à la maison de Lydius, ils l'appellent Storeshausen, entrepôt et non pas fort.

Cette maison d'entrepôt a cette forme.

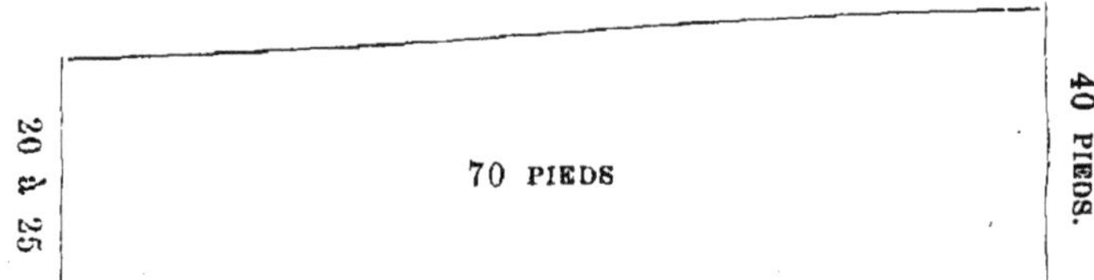

Cette maison a une enceinte formée par un fossé large de 14 pieds et profond de 8. Les terres du fossé sont rejetées du côté du fort, et sur ces terres sont plantés des pieux de 12 pieds de haut inclinés en dehors, c'est-à-dire fraisés.

Le fossé ne continue pas du côté de la rivière, il n'y a que des pieux seulement, et on travaillait lorsqu'il fut pris.

Il y a deux portes du côté de la rivière, et une petite du côté du nord, ces portes n'étoient pas encore faites ou au moins posées, mais les montants étaient placés.

La maison est à l'extrémité de l'enceinte dans l'angle formé par la rivière, et par une autre petite rivière, elle est faite de charpente pièce sur pièce.

Les Anglois n'avoient aucunes nouvelles des François, il ignore s'ils avoient envoyé à la découverte, mais il sait qu'ils étoient venus à la rivière du Chicot pour reconnoître s'ils pourroient passer par là ; ayant trouvé la chose trop difficile, ils ont pris du côté du lac Saint-Sacrement. Avant le renvoi des troupes ils doutoient s'ils devoient venir à la pointe cette année-ci ou l'autre.

Toutes les troupes qui doivent camper au fort consistoient en 6,000 hommes.

Les troupes renvoyées étoient des milices, elles ont été congédiées, mais il ignore si 2,400 hommes qui doivent encore venir auroient été contremandés et congédiés.

Il y a huit canons au fort qui sont dans le champ à 7 à 8 pas hors de l'enceinte, mais il y en avait de placés dans l'enceinte à la petite porte qui donne au nord, vers laquelle on travaille à creuser un chemin qui fera une sortie de derrière.

On attendoit encore dans peu 25 canons ou pierriers.

Les canons ont des affûts sur lesquels ils n'étoient pas encore.

Il y a dans l'enceinte 24 ou 25 mortiers rangés et qui ont été apportés d'Orange montés sur leurs affûts.

Les boulets et les bombes sont entre la maison et les pieux du côté de la rivière, la poudre est d'un côté opposé dans un petit hangar.

Les 500 hommes restés au fort sont tous tentés hors de l'enceinte à l'entour, il n'y a au dedans qu'une sentinelle dans une guérite vis-à-vis la petite porte.

Il y a abondamment du biscuit, du lard, du rhum, mais il n'y a que quelques bœufs pour les officiers seulement.

On attendoit un jour ou deux après celui auquel il a été pris 2,400 hommes, que M. Johnson devoit commander et conduire au lac Saint-Sacrement pour y commencer aussitôt un fort.

Les troupes campées ont été renvoyées parce qu'il y avoit longtemps qu'elles y étoient, et que les maladies s'y mettoient, que les vivres manquoient pour tant de monde, et qu'elles étoient fatiguées par le chemin qu'on leur avoit fait faire d'Orange à la maison de Lydius et de là au lac Saint-Sacrement.

Depuis deux mois on les exerçoit à combattre. Il n'y a point de Flamands dans les troupes. Il y en a deux cents charretiers et environ 200 charriots de 2 chevaux, et quelques-uns de 10 pour le transport de l'artillerie qui est venue par terre.

Il a ajouté qu'il ne croyait pas qu'on prit le fort sans canon, parce qu'ils se jetteront dans l'enceinte à moins qu'ils en fussent empêchés par surprise.

Leur façon de combattre est de se mettre sur trois rangs de hauteur, après que le premier a tiré il passe derrière, ainsi des autres.

Les 500 hommes restés au fort sont ouvriers la plupart, dont la moitié devoit se joindre à M. Johnson, pour aller bâtir le fort du lac Saint-Sacrement, les sauvages avoient promis d'y accompagner M. Johnson.

(Pour copie)

De Vaudreuil.

M. LE MARQUIS DE VAUDREUIL

A Montréal, le 18 octobre 1755.

Monseigneur,

Par mes lettres des 20 et 24 juillet, j'ai eu l'honneur de vous informer que les Anglois s'étoient rendus maîtres du fort de Beauséjour et que M. de Boishébert, commandant à la rivière Saint-Jean, avoit brûlé son fort, ne pouvant s'opposer à la descente de l'ennemi; que je lui avois donné ordre de se concerter avec le révérend Père Germain, missionnaire, pour hiverner à la rivière Saint-Jean, ou revenir à Québec, suivant les bonnes ou mauvaises dispositions des Acadiens et des sauvages.

M. de Boishébert et le révérend Père Germain m'ont rendu des bons témoignages de la conduite et du zèle des Acadiens et des sauvages; M. de Boishébert m'a aussi rendu compte de ses mouvements pour s'opposer aux vues des Anglois.

Les Anglois ne se sont point bornés à la prise de Beauséjour, ils ont voulu assujettir tous les Acadiens à prêter serment de fidélité au roi de la Grande-Bretagne et à prendre les armes contre nous ; mais ne pouvant y réussir, ils les obligèrent à remettre leurs armes à feu, après quoi ils les rassemblèrent au fort de Beauséjour (qu'ils ont nommé le fort Cumberland), sous prétexte de leur faire part de l'arrangement du gouverneur d'Halifax pour la conservation de leurs terres, et ils les retiennent prisonniers, au nombre de 400 chefs de famille ; ils envoyèrent deux de ces Acadiens de la part du commandant, pour dire à leurs femmes de se tenir prêtes à s'embarquer, et que sur leur refus ils feroient brûler leurs habitations.

Bien loin pour les familles acadiennes d'obéir à cet ordre, elles fuirent dans les bois ; leur refus porta les Anglois à brûler entièrement le village de la rivière Chipoudy sans en excepter l'église. M. de Boishébert, à la tête de 125 Acadiens ou sauvages, les joignit à la rivière Petkoudiak ; il les attaqua et les combattit pendant trois heures, il les repoussa vivement jusques à leurs bâtiments. Les Anglois eurent 42 hommes tués et 45 blessés.

M. Gorhant, officier anglois très zélé, fut du nombre des blessés, nous perdîmes un sauvage et en eûmes 3 de blessés. Si les sauvages eussent été moins vifs, il n'auroit pas échappé un seul anglois. M. de Boishébert passa la nuit sur le champ de bataille, il facilita les Acadiens à recueillir une partie de leurs grains et à se retirer dans les bois avec leurs femmes et enfants, il leur a envoyé une grande gabarre pour accélérer leur retour à la rivière Saint-Jean.

Les sauvages ne peuvent qu'être animés contre les Anglois ; ils ont coupé par morceaux 14 sauvages de la mission de la rivière Saint-Jean qu'ils surprirent le long des habitations angloises.

Les Anglois ont pris contre le droit des gens, le nommé Grandcour, sergent du détachement de M. de Boishébert, bien avant qu'ils eussent pris Beauséjour. Ce sergent avoit été par ordre de M. de Boishébert dans une chaloupe à la recherche de neuf soldats qui s'étoient écartés à l'isle de la Perdrix ; il avoit un ordre de son commandant par lequel il réclamoit même l'assistance des Anglois, si le cas l'exigeoit.

Je n'ai rien négligé pour savoir la situation des Anglois à Beauséjour, ils sont au nombre d'environ 900 hommes ; ils avoient commencé à rétablir l'intérieur du fort, mais depuis qu'ils détiennent les habitants, ils ont cessé.

J'ai donné ordre à M. de Boishébert de se maintenir à la rivière Saint-Jean. M. l'intendant lui a fait passer les secours nécessaires pour y hiverner. Le révérend Père Germain est à Québec et j'espère qu'il ne tardera pas à aller joindre les sauvages.

Plusieurs raisons, Monseigneur, m'obligent à faire rester M. de Boishébert à la rivière Saint Jean.

1° Tant que j'occuperai cette rivière, et y aurai un détachement, je conserverai au roi la possession de l'Acadie, et les Anglois ne pourront pas dire qu'ils ont forcé les François de l'abandonner.

5

2° Je m'assurerai de la fidélité des Acadiens et des sauvages, qui, sans cela, se croiroient abandonnés et se livreroient peut-être d'eux-mêmes aux Anglois.

3° M. de Boishébert attirera à lui tous les Acadiens, ceux qui sont à sa portée comme ceux qui en sont éloignés, s'attachera à les réunir avec leurs familles et à en former un corps ; les Acadiens ainsi réunis seront obligés pour leur propre sûreté à repousser vivement l'ennemi s'il se présente.

4° Il s'occupera également de la réunion des sauvages et en formera un corps également considérable ; il correspondra avec M. Manache, missionnaire à Miramichy, et suivant que le cas l'exigera, il joindra les sauvages de cette mission aux siens, pour s'opposer au progrès de l'ennemi.

5° Il sera en état d'avoir constamment des découvreurs à Beauséjour et à Halifax, et de faire quelques prisonniers qui l'instruiront de la situation et des forces des Anglois.

6° Il pourra former des partis d'Acadiens et de sauvages, pour harceler continuellement l'ennemi à Beauséjour, et l'empêcher de faire son bois de chauffage.

7° En conservant la rivière Saint-Jean, je pourrai avoir en tout temps des nouvelles de Louisbourg, il ne s'agira que de traverser de l'isle Saint-Jean à Chedaïk, ou en suivant les terres, après avoir passé le passage de Fronsac, aller à Chedaïk ou à Cocagne.

J'ai donné mes ordres en conséquence à M. de Boishébert, et je lui ai essentiellement recommandé d'agir dans toutes les occasions avec beaucoup de prudence et de se concerter avec le révérend Père Germain.

J'espère, Monseigneur, suivre cet arrangement jusqu'à ce que j'aie reçu vos ordres l'année prochaine, et supposé que vous décidiez qu'il n'est pas possible de faire retirer les Anglois de l'Acadie, ni d'y soutenir de notre côté des forces capables de les contenir, je pourrai faire venir dans le cœur de la colonie les Acadiens et les sauvages. Les Acadiens en total peuvent consister à environ 2,000 âmes, dont 700 hommes portant les armes. Il seroit fâcheux qu'ils fussent aux Anglois.

Je suis, etc.

M. LE MARQUIS DE VAUDREUIL

Montréal, le 18 novembre 1755.

Demande la place de colonel général des milices pour le Sieur Fleury Deschambault. Il demande aussi 12 commissions de capitaine de milices en blanc.

Monseigneur,

Je ne puis me dispenser d'avoir l'honneur de vous renouveler les représentations de feu M. le marquis de la Jonquière, à M. Rouillé en 1751, sur la nécessité de créer un emploi de colonel général des milices de la colonie et de le confier à M. Fleury Deschambault, agent principal de MM. de la compagnie des Indes. J'ai eu occasion, Monseigneur, de reconnoître combien la création de cette place seroit utile, par les difficultés que j'ai trouvées à ordonner la levée des milices dans les différentes paroisses, et j'ai vu avec regret que cette levée ne se faisoit pas avec assez de promptitude ni de discernement. M. Deschambault possède au mieux les forces de la colonie, et en connoît les bons et mauvais habitants.

Il m'a représenté, Monseigneur, que l'hiver dernier, il eut l'honneur de vous présenter la formule des rôles, qu'il seroit essentiel de tenir, il me l'a communiquée et j'ai l'honneur d'en joindre ici une copie. Il est certain que si les rôles des miliciens de la colonie étoient tenus avec le même ordre et la même exactitude, dans le moment je pourrois juger des forces que je serois en état d'employer, suivant l'exigence des cas, et régler conséquemment mes projets ; au lieu que j'ai expérimenté que les capitaines des compagnies, qui presque tous sont illettrés, n'observent aucun ordre, et même le plus souvent négligent des bons sujets par des considérations particulières et fournissent à leur place des habitants incapables de remplir leur destination. D'ailleurs, je ne dois point vous laisser ignorer que les levées de milice ont été d'une grande dépense au roi, parce que n'y ayant aucun ordre d'établir à mesure qu'il a fallu 30 ou 40 hommes, on a été obligé de détacher un officier pour les aller commander ; fondé sur ces pressantes raisons, je ne puis, Monseigneur, refuser au bien du service d'avoir l'honneur de vous réitérer la demande de feu M. de la Jonquière, et de vous supplier de vouloir bien porter Sa Majesté à créer cet emploi de colonel des milices, et d'en honorer le dit Sieur Deschambault, je suis persuadé qu'il s'en acquittera au mieux, et avec tout le zèle possible. Feu M. son père, qui a eu l'honneur de servir le roi en qualité d'officier des troupes, a occupé cette place pendant près de 20 ans à Québec, et a dressé le Sieur Deschambault à tenir les rôles. Les circonstances présentes, Monseigneur, rendent cette place infiniment nécessaire. Le dit Sieur Deschambault la remplira gratis, et par son exactitude, il établira la meilleure règle dans les milices. M. le marquis Duquesne doit avoir aussi écrit à ce sujet à M. Rouillé, le certificat qu'il donne au Sieur Deschambault, en est une preuve sensible. J'ajoute, Monseigneur, que les capitaines des compagnies de milice de Québec et de Montréal m'ont témoigné une envie extrême d'avoir le dit Sieur Deschambault à leur tête. Ils sont fort zélés, et m'en ont donné des preuves dans la campagne de M. de Dieskau. Il seroit essentiel de récompenser ceux qui se signaleront dans la guerre présente, et pour cet effet, je vous prie aussi, Monseigneur, de vouloir bien m'envoyer douze commissions en blanc que je distribuerai à ceux des capitaines qui se signaleront le plus.

Je suis, etc.

M. LE MARQUIS DE VAUDREUIL

A Montréal, le 28 octobre 1755.

Nécessité de laisser M. Bigot en Canada, il seroit impossible de le remplacer.

Monseigneur,

J'ai eu l'honneur de vous informer des soins que M. Bigot s'est donné pendant son séjour à Montréal pour pourvoir à tout ce qui étoit nécessaire aux mouvements que j'ai été obligé d'ordonner pour contenir les Anglois à Chouaguen et pour mettre l'armée de M. de Dieskau en état de faire une heureuse campagne. Cet intendant, Monseigneur, a des talents peu ordinaires, ses ressources pour tout ce qui tend au bien du service sont inexprimables, son zèle et ses lumières m'ont grandement aidé dans tout ce que j'ai entrepris. Il est prévoyant, actif et infatigable, quoique depuis qu'il est dans la colonie il n'ait pas eu huit jours de bonne santé. Il est heureux, Monseigneur, que vous l'ayez déterminé à repasser dans cette colonie, et je ne dois pas vous dissimuler que difficilement pourroit-il être remplacé dans les circonstances présentes.

Je suis, etc.

A MONSEIGNEUR LE GARDE DES SCEAUX, COMMANDEUR DES ORDRES DU ROI, MINISTRE ET SECRÉTAIRE D'ÉTAT.

Monseigneur,

Joseph-Fleury Deschambault, agent général de Messieurs de la compagnie des Indes en Canada, a l'honneur de représenter très respectueusement à Votre Grandeur que les forces de la colonie consistant principalement aux milices qui ont été constamment employées pendant les guerres, et qui n'ont point cessé de donner des preuves de valeur, le suppliant en bon citoyen, s'étudia en 1750 à trouver un moyen également solide et aisé, pour faciliter la levée des dites milices. Lorsqu'il est question d'en former quelques parties, et ce fut dans cette confiance qu'il eut l'honneur de présenter à feu M. le marquis de Jonquière un projet de tableau de toutes les compagnies de milices de la colonie, par lequel on voyait du premier coup d'œil le nombre des habitants miliciens de chaque paroisse, et ceux qu'on pouvoit détacher suivant le besoin ; ce général goûta ce projet, et connoissant combien il étoit intéressant qu'il reçut son exécution surtout eu égard aux dépenses qu'il éviteroit. Il eut l'honneur, Monseigneur, d'en rendre compte à M. Rouillé par une de ses dépêches que le suppliant eut celui de lui remettre le 15 janvier 1751. Il prend la liberté, Monseigneur, de présenter à Votre Grandeur le même tableau, sous les auspices de M. le marquis de Vaudreuil ; le suppliant de retour en Canada, eut plusieurs conférences avec mon dit feu Sieur de la Jonquière, sur l'arrangement des dites milices, et ce général lui faisoit toujours espérer que la Cour agréeroit sa proposition ; mais après le départ, des vaisseaux ayant su que son intention étoit de mettre les compagnies de milices de la colonie sur le même pied que celles de Saint-Domingue, il dit au suppliant qu'il auroit l'honneur de faire ses représentations sur l'impossibilité de cet arrangement, et qu'il jugeoit qu'il étoit du bien du service du roi de créer l'emploi qu'il avoit eu l'honneur de demander ; c'est en conséquence, Monseigneur, de ce que feu M. de la Jonquière dit au suppliant, qu'il a l'honneur de renouveler ses représentations à Votre Grandeur. Il ose vous assurer, Monseigneur, que les capitaines des milices des côtes de la colonie ne sont point susceptibles des dignités que le roi est en usage d'accorder à ceux de Saint-Domingue, attendu que presque tous ces officiers n'ont rien au-dessus des miliciens, et pour la fortune et pour les talents, et que lorsqu'ils ont été en partis, ils ont toujours eu pour chef un officier des troupes. L'expérience n'apprend même que trop que dans les trois-quarts des paroisses, les capitaines ne sont point en état de faire seulement le rôle de leur compagnie, ce qui prouve sensiblement l'utilité de l'emploi qui est demandé à Votre Grandeur pour le suppliant. Si vous trouvez à propos, Monseigneur, le lui procurer, ce sera aux appointements qu'il plaira à Votre Grandeur, et le suppliant s'oblige de faire annuellement le recensement général des dits miliciens, et de trouver dans l'instant le nombre des hommes que Monsieur le gouverneur général lui demandera, et le suppliant ne cessera ses vœux les plus ardents pour la santé et prospérité de votre illustre personne.

Ci-joint est une lettre de M. le marquis Duquesne au suppliant qui prouve l'utilité du dit projet.

M. LE MARQUIS DE VAUDREUIL

A Montréal, le 31 8bre 1755.

Monseigneur,

L'attention que j'ai eu à pénétrer les sentiments des Cinq Nations, a eu tout le succès que je pouvois en espérer.

Des députés des Cinq Nations sont venus à la Présentation, mais n'osant pas paroître devant moi, ils ont chargé des chefs de ces nations de me porter leur parole par laquelle ils m'annoncent qu'ils ont rejeté la hache qu'ils avoient acceptée de l'Anglois pour ne plus s'occuper que des bonnes affaires, et qu'ils seront neutres dans la guerre que nous avons avec l'Anglois. Je n'ai pas douté que ce ne fut des espions, j'ai cependant répondu à leur parole, je leur ai reproché leur trahison, et les ai prévenu, que s'ils continuoient à se mêler avec les Anglois, je les abandonnerois à la vengeance des nations des pays d'en haut et de nos domiciliés qui ont pris la hache pour frapper sur eux.

M. Joncaire arriva hier avec un chef Sonontouan et dix considérés de cette nation.

Il m'a d'abord rendu compte que les sauvages des cinq nations, l'avoient en général assuré de leur neutralité, et que je pouvois avec certitude compter sur celle des Goyogoins, Sonontouans, de la rivière Cascochagon, Onneyottes et Theskaroriens. La nouvelle de mon arrivée leur ayant fait réellement oublier leurs engagements envers les Anglois, mais qu'à l'égard des Nortaguès, nous ne pouvions nous fier à leur promesse, étant étroitement liés à l'Anglois.

Les Goyogoins avoient remis deux colliers au dit Sieur Jonquière, tant de leur part que de celle des Onneyottes et Theskaroriens, pour me persuader de toute la sincérité de leurs sentiments ; et comme j'avois donné ordre à M. Chabert de Joncaire de partir de Niagara, sitôt l'arrivée de son frère, pour aller chez les

Cinq Nations suivre ce qu'il avait commencé, M. de Joncaire lui a remis ces deux colliers pour le mettre en état de presser les Nortaguès de suivre l'exemple des Goyogoins, Sonontouans, Onneyottes et Theskaroriens ; je suis bien persuadé que le dit Sieur Chabert ne négligera rien pour remplir sa mission, mais je doute toujours qu'il puisse faire changer les Nortaguès.

Le chef Sonontouan et les dix considérés qui sont descendus avec le dit Sieur de Joncaire, m'ont témoigné la joie qu'ils avoient de me revoir, ils m'ont informé de tout ce que l'Anglois leur avoit fait accroire sur ma détention en Angleterre, et que jamais je ne paroîtroi dans la colonie. Ils ont dit que l'Anglois étoit un imposteur, et ce chef, qui était décoré d'une médaille du roi d'Angleterre m'a dit : " Mon père, je suis un malheureux, " je t'avois oublié, et je m'étois laissé séduire par l'An- " glois ; sois persuadé que ton absence a été la seule " cause de l'inconstance des Cinq Nations, et puisque le " maître de la vie rend à nos vœux un père que nous " chérissons, et qui fait revivre le grand brûle-village, " qui est ineffaçable de notre mémoire, j'oublie qu'il y " a des Anglois sur la terre, et pour te donner une " preuve que je les méprise et les regarde comme des " chiens, tu vois la médaille du roi d'Angleterre que " j'ai à mon col, je l'arrache et la foule à mes pieds ; je " ne te demande pas de marques de distinction du grand " Onontio-Goa, je m'en suis rendu indigne par ma mau- " vaise conduite et je ne puis la réparer qu'en me sacri- " fiant pour te prouver ma fidélité."

J'ai répondu comme je le devois à cette parole et j'en ai pris avantage pour me plaindre de l'ingratitude et de la trahison des Cinq Nations. J'ai fait repartir ce chef pour aller témoigner mon ressentiment dans tous les villages des Cinq Nations, et les prévenir que s'ils ne changent de conduite, mes enfants des pays d'en haut et mes domiciliés leur feront une guerre qui ne finira jamais.

Je ferai remonter le dit Sieur de Joncaire sur les glaces chez les Cinq Nations, non seulement pour les maintenir dans leur neutralité, mais même pour les faire déclarer contre l'Anglois s'il est possible.

Les circonstances présentes s'opposent au désir que j'aurois de punir les cinq nations de leur trahison ; l'Anglois m'occupe assez pour que j'éloigne tout autre sujet de guerre, mais si le printemps prochain, il se trouve des Cinq Nations parmi les Anglois, je ferai frapper toutes nos nations des pays d'en haut et nos domiciliés sur eux ; je ferai ravager leurs villages, et je ne les pardonnerai jamais. Il est à souhaiter que je ne sois pas dans cette nécessité.

Je suis, etc.

Modèle *de la façon dont il faudrait dresser les rôles des compagnies de milice en Canada pour être en règle, savoir :*

Rôle de la compagnie de la Côte Saint-Michel, à deux lieues de la ville de Montréal.

Noms des hommes dont les bons sont en état d'aller en détachement et de servir de devants de canots. — Sont apostillés d'un...... .. Les derrières de canots...... Les milieux d'une..........	 D.V. D.R. M.L.	Les habitants qui ont leurs armes.	Leur âge.	Ceux qui sont présents.	Les absents et l'endroit où ils sont.	Les jeunes gens depuis 15 ans jusqu'à 18.	Leur retour des pays d'en haut, à quoi le capitaine de la coste sera obligé de venir avertir le Col.	Ceux qui sont morts dont le capitaine donnera la liste au colonel tous les ans.
Joseph Drouin, capitaine.....	1 D.R...	1 fusil .	60	1				
Pierre, son fils................	1 D.V ...	1 « .	30	1				
Michel, Idem................	1 D.R ...	1 « .	....	....	Au Détroit.			
Charles, Idem................	1 M.L ...	....	....	1	....	15		
Jean Turcot, capitaine en second	1 D.R ...	1 fusil .	61	1				
Pierre, son fils,.............	1 D.V....	1 « .	31	1				
André, Idem................	1 M.L ...	....	....	1	....	18		

Pierre Saint Jean, lieutenant....	1 D.V ...	1 fusil .	58	1				
Michel Saint Jean...........	1 M L ...	1 " .	26	....	Aux Illinois..			
Pierre Saint Jean	1 M L ...	1 " .	24	1				
Joseph Turcot, enseigne........	1 M.L....	1 " .	59	1				
Jean Turcot, son fils..........	1 M.L. ..	1 " .	26	....	Michillima-kinac.			
André Turcot...............	1 D.R....	....	24	1				
Joseph Vannier, sergent........	1 M L ...	1 fusil .	63	1				
Michel, son fils..............	1 D.V....	1 " .	36	....	A Miamis.			
André Turcot..............	1 M.L....	....	23	1				
Joseph, Idem	1 M.L....	....	22	....	Au Détroit.			
Baptiste, Idem.	1 M.L....	....	....	1	....	16		
Joseph Mathieu	1 M.L...	1 fusil .	72	1				
Pierre, son fils...............	1 M.L....	1 " .	40	1				
Nicolas, Idem...............	1 D.R....	....	33	....	A Michilli-makinac.			
Baptiste, Idem..............	1 M.L....	....	....	1	....	17		
Joseph La Déroute............	1 M.L....	....	65	1				
Denis, son fils...............	1 D.V ...	1 fusil .	31	1				
Joseph, Idem................	1 M.L....	....	28	1				
Jacques, Idem...............	1 M.L....	....	....	1	....	18		

RÔLE de la Compagnie de la Côte Saint-Michel, etc., etc.—(*Suite.*)

Noms des hommes dont les bons sont en état d'aller en détachement et de servir de devants de canots. — Sont apostillés d'un... D.V. Les derrières de canots... D.R. Les milieux d'une... M.L.		Les habitants qui ont leurs armes.	Leur âge.	Ceux qui sont présents.	Les absents et l'endroit où ils sont.	Les jeunes gens depuis 15 ans jusqu'à 18.	Leur retour des pays d'en haut, à quoi le capitaine de la c. ste sera obligé de venir avertir le Col.	Ceux qui sont morts dont le capitaine donnera la liste au colonel tous les ans.
Nicolas La Déroute	1 M.L	1 fusil	63	1				
Nicolas, son fils	1 D.V	1 "	33	....	Au Détroit.			
Joseph, Idem	1 D.R	....	....	....	Aux Illinois.			
Jacques, Idem	1 M.L	....	....	1	....	16		
Jacques La Déroute	1 M.L	1 fusil	59	1				
Jacques, son fils	1 D.V	1 "	29	1				
Nicolas, Idem	1 D.R	....	27	....	Aux Sioux.			
Pierre, Idem	1 D.V	1 fusil	25	....	A La Baye.			
Joseph Tailleur	1 M.L	1 "	76	1				
Joseph, son fils	1 M.L	....	30	1				
Jacques, Idem	1 D.V	....	25	....	A La Pointe.			

Nicolas Veret	1 M.L.		46	1		
Joseph, son fils	1 M.L.		23	1		
Nicolas, Idem	1 M.L.		....	1	18	
Jacques, Idem	1 M.L.		....	1	15	
Pierre Veret	1 M.L.		48	1		
Pierre, son fils	1 M.L.	1 fusil	25	1		
Joseph, Idem	1 M.L.		23	....	Au Détroit.	
Denis, Idem	1 M.L.		....	1	....	15
Joseph La Chapelle	1 M.L.	1 fusil	59	1		
Joseph, son fils	1 M.L.	1 "	28	....	Au Détroit.	
Denis, Idem	1 M.L.		23	1		
Jacques, Idem	1 M.L.		21	1		
Joseph Lefebvre	1 M.L.	1 fusil	59	1		
Joseph, son fils	1 M.L.	1 "	26	1		
Nicolas Idem	1 M.L.		23	....	Aux Sioux.	
Pierre, Idem	1 M.L.		....	1	....	16
Pierre Lefebvre	1 M.L.	1 fusil	60	1		
Pierre, son fils	1 D.V.	1 "	30	1		
Joseph Idem	1 D.R.		26	....	Aux Onyas.	
Jacques, Idem	1 M.L.		....	1	....	18

RÔLE de la Compagnie de la Côte Saint-Michel, etc., etc.—*(Suite.)*

Noms des hommes dont les bons sont en état d'aller en détachement et de servir de devants de canots. — Sont apostillés d'un........... Les derrières de canots........ Les milieux d'une............	D.V. D.R. M.L.	Les habitants qui ont leurs armes.	Leur âge	Ceux qui sont présents.	Les absents et l'endroit où ils sont.	Les jeunes gens depuis 15 ans jusqu'à 18.	Leur retour des pays d'en haut, à quoi le capitaine de la coste sera obligé de venir avertir le Col.	Ceux qui sont morts dont le capitaine donnera la liste au colonel tous les ans.
Nicolas Lefebvre..............	1 D.V....	1 fusil .	45	1				
Nicolas, son fils..............	1 D.R....	1 " .	25	....	Aux Illinois.			
Joseph, Idem................	1 D.R....	....	23	....	Au Détroit			
Baptiste, Idem..............	1 M.L. ..	....	....	1	....	16		
Joseph Le Blanc.............	1 M.L. ..	1 fusil .	70	1				
Joseph, son fils...........	1 M.L. ..	....	45	1				
Nicolas, Idem.......	1 M.L. ..	1 fusil .	33	....	A St-Joseph .			
Jacques, Idem...............	1 M.L. ..	....	26	1				

Pierre Le Blanc	1 M L.	1 fusil	68	1				
Joseph, son fils	1 M.L.	....	36	1				
Baptiste, Idem	1 M L.	1 fusil	28	....	Au Détroit.			
Nicolas, Idem	1 M.L.	....	25	....	Aux Mer (*sic*)			
Pierre, Idem	1 M.L.	....	....	1	....	17		
Nicolas Le Blanc	1 M.L.	....	59	1				
Jacques, son fils	1 M.L.	....	27	1				
Pierre, Idem	1 M L.	....	25	1				
Joseph Provost	1 M.L.	1 fusil	49	1				
Joseph, son fils	1 M.L.	1 "	32	1				
Jacques, Idem	1 M.L.	....	29	....	A St-Joseph.			
Denis, Idem	1 M.L.	1 fusil	26	....	Aux Illinois.			
Pierre, Idem	1 M.L.	....	....	1	....	16		
Joseph Alexandre	1 M.L.	....	48	1				
Joseph, son fils	1 M.L.	1 fusil	25	....	A Michilli-makinac.			
Pierre, Idem	1 M.L.	....	24	1				
Jacques, Idem	1 M.L.	....	22	....	Au Détroit.			
Denis, Idem	1 M.L.	....	....	1	....	15		
	83 hommes Tant hommes qu'enfants de 15 à 18 ans.	38		59	24	15 Depuis 15 jusques à 18 ans		

Par le moyen des rôles que l'on dresseroit comme le modèle ci-devant, il seroit aisé lorsque l'on voudroit faire quelques détachements de le faire dans le quart d'heure ; en envoyant aux capitaines des côtes, l'ordre d'amener ceux qu'on leur dénommeroit, ce qui se feroit sans frais ; on seroit en état de faire en peu de temps, le recensement de tous les gouvernements, et ayant attention de dresser tous les ans de nouveaux rôles, où les rôles seroient supprimés et où on inscriroit les jeunes gens qui auront atteint l'âge de 15 ans, et ceux qui seroient revenus des pays d'en haut ; les rôles seroient toujours en règle.

Joint à la lettre de M. de Vaudreuil du 16 février 1758.

Réponses de Monsieur le marquis de Vaudreuil aux paroles que les Cinq Nations lui ont envoyées par les députés de la mission de la Présentation.

Du 22 octobre 1755.

Mes enfants les Cinq Nations, j'ai écouté attentivement la parole que vous m'avez adressée par mes enfants de la Présentation, vous ne pouviez avoir de meilleurs orateurs que ceux de ce village qui, connoissant mes sentiments pour vous, ont bien voulu se charger de me porter vos colliers, et de m'instruire de tout ce que vous leur avez dit : Je vais donc répondre à vos trois paroles.

PREMIÈRE PAROLE

Vous m'assurez, mes enfants, par votre premier collier non seulement de votre neutralité, mais même que vous avez embrassé les bonnes affaires, et que rien ne sauroit vous en éloigner. Vous me répondiez de vos jeunes gens, mais vous me priez de ne point ensanglanter les terres que vous habitez.

PAR UN COLLIER

Il paroît, mes enfants, que vous connoissez toute l'étendue de ma bonté pour vous, et que vous vous persuadez qu'il vous est aisé de me fléchir ; vous avez raison, si je vous traitois comme vous le méritez, je rejetterois votre collier, et au lieu d'être assez complaisant pour vous répondre, je vous ferois éprouver tout le ressentiment que je dois avoir de votre infidélité, mais je veux bien vous convaincre que ma bonté surpasse tout ce que vous pouviez en attendre.

Si vos sentiments pour moi étoient aussi sincères que ceux que j'ai pour vous, vous rougiriez d'avoir eu seulement la pensée de m'annoncer votre neutralité. Est-ce que des enfants doivent être neutres, dans ce qui touche leur père ? En vérité, vous ne parlez pas du fond du cœur, et je dois être persuadé qu'intérieurement vous vous démentez vous-mêmes ; n'importe, vous voulez être neutres, soyez le.

Je ne puis croire que vous ayez embrassé les bonnes affaires, est-ce que vous avez jamais dû vous en éloigner ? N'avez-vous pas eu au contraire tout sujet de la part des François de vous en occuper entièrement, vous ont-ils jamais induits à faire la moindre chose contre qui que ce soit ? Ne vous ai-je pas toujours assistés dans vos besoins, et de mes bons conseils sur toutes vos affaires ? Que n'en avez-vous profité ; vous êtes des enfants indociles, et difficilement pourroi-je vous remettre l'esprit, vous l'avez trop égaré ; je puis même dire que vous ne le possédez plus, il vous a été volé par le plus cruel de vos ennemis. Vous me priez de ne point ensanglanter les terres que vous habitez. Quel sujet avez-vous de me faire une semblable prière ? Me suis-je occupé d'autre chose que de le conserver, et si par bonté pour vous je n'en avois éloigné vos ennemis, ne vous en auroient-ils pas chassés ? Si vous n'aviez perdu l'esprit, vous me remercieriez de tout ce que je fais pour vous.

Enfin, je conserve votre collier, non pour me rappeler le sujet qui vous a portés à me l'envoyer, mais parce qu'il vient de vous, et que vous avez encore place dans mon cœur. Je vous en donne un que vous porterez dans vos villages pour faire connoître à tous mes enfants que je ne cesse point d'être leur père, et que je compte qu'ils ne tarderont pas à me donner des preuves qu'ils continuent à être mes enfants.

SECONDE PAROLE

Vous convenez, mes enfants, que vous avez accepté la hache des Anglois, mais qu'ayant considéré l'alliance faite avec les François depuis un temps immémorial, vous l'avez rejetée pour ne plus vous attacher qu'aux bonnes affaires, vous me priez de ne me rien imputer de toutes les affaires présentes, et que rien ne peut vous faire lâcher le collier que vous avez repris.

PAR UN COLLIER

De tous les temps, vous avez reçu des preuves de ma bonté. Je veux bien vous en donner aujourd'hui la plus grande que vous puissiez désirer en acceptant votre collier, dans l'unique vue de vous rappeler, dans toutes les occasions, que vous êtes des enfants dénaturés, que vous avez accepté la hache contre votre père, et que par pitié pour vous, je ne vous fais pas subir la punition qu'exige votre noir attentat.

En vain vous rappelez-vous votre alliance avec les François; si je n'étois encore pour vous un père rempli de bonté, vous auriez perdu tout l'avantage que cette alliance vous a procuré dans toutes les occasions, du moment que vous y avez renoncé par la trahison la plus criminelle; et à peine eûtes-vous pris la hache contre moi que mes enfants vous auroient mangés et rongés avec leurs dents, jusques dans la moelle des os, si je ne les avais retenus, sans qu'il vous eût de rien servi de leur dire que vous avez rejeté cette hache pour ne plus vous occuper que des bonnes affaires.

Pouvez-vous me prier de ne vous rien imputer des affaires présentes? Oubliez-vous tout ce que vous avez fait, et pensez-vous que je l'ignore? Non, vraiment vous êtes bien persuadés que j'ai veillé à votre conduite, et que je vous ai suivis dans tous vos pas, je vous ai vus, je vous ai entendus; doutez-vous que j'aie en mon pouvoir les papiers du général Braddock ? J'ai les propres paroles que vous lui avez données, j'ai aussi votre conseil solennel avec le colonel Johnson ; mes enfants des pays d'en haut m'ont toujours rapporté les paroles et les colliers que vous leur avez apportés de la part de votre ennemi et le mien. Dispensez-moi d'en dire davantage.

Vous dites que rien ne peut vous faire lâcher le collier que vous avez repris. Dois-je vous croire ? Combien de fois ne m'avez-vous pas trompé ? et combien de fois n'avez-vous pas obtenu votre pardon ? Le collier que vous avez repris est votre ressource ordinaire pour rappeler ma bonté ; il ne vous suffit point de garder le collier, vous l'avez trop souvent terni par vos trahisons réitérées. Je veux bien les raffermir par celui que je vous donne, joignez les ensemble, faites les courir de village en village, et de cabane en cabane, et dites journellement, nous avons été assez malheureux pour trahir le meilleur de tous les pères, nous méritons la mort, il nous a fait grâce.

TROISIÈME PAROLE

Vous couvrez la mort des officiers qui ont été tués à la Belle-Rivière et au portage du lac Saint-Sacrement ; particulièrement M. de Longueuil, en attendant, dites-vous, que vous puissiez descendre vous-mêmes.

PAR UN COLLIER

Comment devrois-je recevoir votre collier, ne seroit-ce pas avec raison, comme un aveu de votre part, que c'est vous-mêmes les Cinq Nations qui avez tué les officiers ? Ne serais-je pas en droit de faire courir de nation en nation ce collier pour exciter la vengeance de tous mes enfants, pouvez-vous raisonnablement penser que je ne vous ai pas vus les armes à la main contre moi ? N'ai-je pas été témoin de toutes vos actions, et aucun de vous seroit-il en vie actuellement, si je n'avois fait usage de toute mon autorité pour arrêter mes enfants qui dans leur fureur vous auroient égorgés, vous, vos femmes et vos enfants, et auroient ruiné les terres que vous habitez ; ne devez-vous pas être confus de ma trop grande bonté ?

Je reçois votre collier, mais c'est pour vous faire voir dans toutes les occasions que le sang françois que vous avez répandu injustement, crie vengeance sur vous ; qu'à la première faute que vous ferez, vous subirez le sort que vous avez depuis longtemps mérité.

Je vous donne ce collier pour que ce que je vous dis soit ineffaçable de votre mémoire, répétez-le journellement à vos vieillards et à vos guerriers, à vos femmes et à vos enfants, qu'ils ne l'oublient jamais, et que les uns et les autres gémissent de leur faute et s'empressent également à la réparer.

A l'égard de M. le baron de Longueuil, est-il temps de couvrir sa mort ? Si votre douleur et vos regrets eussent été sincères, auriez-vous tardé jusqu'à ce moment à venir en donner des preuves ? Combien de fois n'avez-vous pas fait annoncer votre départ pour venir pleurer le gouverneur ? Pourquoi le différez-vous ? Si vous voulez dire la vérité, c'est le malin esprit qui vous en empêche.

Vous ne sauriez trop tôt venir me voir, vous devez même être honteux de tant tarder ; vous n'osez pas paroître parce que vous vous reconnoissez coupables. N'importe, je vous recevrai, et si vous me donnez des preuves parfaites que vous êtes repentants de vos crimes, et vous en vengez sur ceux qui en sont, dans le fond, les vrais auteurs, vos frères mes domiciliés et les nations des pays d'en haut, continueront d'être vos frères et amis.

Mais je dois vous prévenir en bon père que si malheureusement pour vous, vous repreniez votre infâme conduite, vous n'aurez plus de miséricorde, et les bras de tous mes enfants s'appesantiront tant sur vous, qu'ils vous engloutiront dans la terre sans qu'il en échappe un seul de vous.

L'arbre et le traité de M. de Callières les y obligent, et d'ailleurs leur inclination et leur attachement pour moi ne les y portent que trop.

Pensez sérieusement à ce que je vous dis, et mettez tout en usage pour éviter d'en éprouver les funestes effets.

Rappelez-vous vos ancêtres qui avoient de l'esprit et qui donnoient dans toutes les occasions des preuves de leur bonne conduite. Souvenez-vous, vieillards, du beau ciel sous lequel vous viviez du temps de mon père qui vous armoit comme moi ; écoutez ma parole comme ils écoutoient la sienne, et vous jouirez de la paix et de la tranquillité la plus parfaite.

Pierre de Rigaud de Vaudreuil, gouverneur, lieutenant général pour le roi en toute la Nouvelle-France, terres et pays de la Louisiane.

Nous certifions que la présente expédition est conforme à l'original demeuré en notre secrétariat, en foi de quoi nous avons signé le présent et à icelui fait apposer le cachet de nos armes, et contresigner par notre secrétaire.

Fait à Montréal le 16 février 1758.

VAUDREUIL.

Par Monseigneur

SAINT-SAUVEUR.

A Montréal, le 23 8bre 1755.

M. LE MARQUIS DE VAUDREUIL

Il a fait embarquer sur la Fidélité les Anglois prisonniers ou déserteurs dont M. Bigot envoie la liste.

Monseigneur,

Nous avons à Québec nombre d'Anglois prisonniers ou déserteurs qui sont de très mauvais sujets, et sont à la charge de la colonie ; ne pouvant éviter de les tenir en prison, je donne ordre à M. de La Jonquière de les recevoir à bord de sa frégate pour les remettre au commandant du port où il débarquera, pour que vous puissiez, Monseigneur, en disposer.

Comme je ne suis point à portée de vous envoyer une liste de ces Anglois, je prie M. Bigot de suppléer à mon défaut.

M. LE MARQUIS DE VAUDREUIL

A Montréal, le 25 octobre 1755.

Demande qu'on envoie dès le commencement du printemps les munitions, armes, accessoires, demandés par le chevalier Le Mercier.

Monseigneur,

Monsieur le chevalier Le Mercier m'a rendu compte des états de demandes et des observations dont je l'avois chargé concernant l'artillerie, ustensiles à son usage, armes et munitions nécessaires, tant pour la défense de la colonie que pour me mettre en état d'aller attaquer l'ennemi suivant que les circonstances pourront me le permettre. J'ai visé tous les états et mémoires, de même que les lettres qu'il a l'honneur de vous écrire à ce sujet. Ainsi, Monseigneur, je ne puis que vous supplier de vouloir bien y avoir égard. Je sens bien que ces demandes sont considérables, cependant il serait essentiel que le tout pût nous parvenir de bon printemps.

M. LE MARQUIS DE VAUDREUIL

A Montréal, le 30 octobre 1755.

M. le marquis Duquesne doit 26,447 livres au compte des postes des pays d'en haut : il a donné des effets véreux pour comptant. M. le marquis de Vaudreuil a retenu ce qui lui revient sur les droits du castor et sur la cantine.

Monseigneur,

Quoique je ne doute pas que M. le marquis Duquesne ne vous ait rendu son compte en recettes et dépenses des pays d'en haut de la courante année, néanmoins je dois avoir l'honneur de vous informer que se trouvant relicataire envers le roi, de la somme de 26,447 livres pour autant dont sa recette excède sa dépense, il m'a remis en paiement de cette somme savoir : 16,447 livres comptant, 2,000 livres à prendre sur M. de la Naudière, et 8,000 livres sur les deux officiers anglois qui sont ici en ôtage, de laquelle première somme de 26,447 livres je lui ai donné mon reçu dans lequel j'ai fait mention du dit billet de 8,000 livres des Anglois. M. le marquis de Duquesne m'assura que cette somme me seroit incessamment payée, mais comme je n'y vois pas la moindre apparence, et qu'il n'est pas juste que le roi en souffre ; que d'ailleurs il reste beaucoup de gratifications arréragées à payer (notamment à MM. de Ligneris et de Villiers, capitaines) qui ne sont point comprises sur l'état que M. le marquis de Duquesne m'a remis, montant à 11,163 livres, je retiens la moitié des droits sur le castor et sur la cantine, appartenant à M. le marquis de Duquesne, suivant l'usage établi entre nos prédécesseurs, quoiqu'à son arrivée dans la colonie il ne se soit pas conformé à cet usage et qu'il ait gardé l'un et l'autre de ces droits en entier, sans en faire part, ni à la succession de feu M. de La Jonquière ni à M. le baron de Longueuil, commandant en chef.

Je lui tiendrai compte de la moitié des dits droits sur le dit billet, et lorsque j'en aurai reçu le paiement, j'en remettrai ici, à son commissaire, le montant.

J'écris en conséquence à M. le marquis Duquesne.

M. LE MARQUIS DE VAUDREUIL

A Montréal, le 30 octobre 1755.

Demande une commission de capitaine réformé pour le Sieur Duvivier, et celle de lieutenant réformé pour le Sieur Senneville de Saint-Paul.

Monseigneur,

J'ai l'honneur de vous représenter que messieurs Duvivier, lieutenant, et Senneville de Saint-Paul, enseigne en pied, sont infirmes et ne sont plus en état de servir avec le zèle que je leur connois, ce qui m'engage à vous supplier, Monseigneur, de vouloir bien accorder au premier une commission de capitaine réformé, et au second une commission de lieutenant réformé, avec les appointements attachés à ces grades. Ils méritent ce traitement dans leur retraite, ayant toujours bien servi le roi. Ci-joint, Monseigneur, la liste des officiers que j'ai l'honneur de vous proposer pour remplir les emplois qui seront vacants par la retraite de ces deux officiers.

A Montréal, le 30 octobre 1755.

Noms des officiers de la colonie.

Monseigneur,

J'ai l'honneur de vous envoyer, ci-joint, la liste des officiers de la colonie qui sont morts ou ont été tués au service du roi, avec la date de leur décès.

M. LE MARQUIS DE VAUDREUIL

A Montréal, le 30 octobre 1755.

Remplacements d'officiers et croix de Saint-Louis.

Monseigneur,

J'ai l'honneur de vous envoyer, ci-joint, la liste des officiers que j'ai celui de vous proposer pour remplir les emplois vacants dans les troupes de cette colonie; j'ai mis, par observation, dans cette liste, les bons témoignages que je dois avoir l'honneur de vous rendre du zèle et des services de chaque officier, je ne saurois assez les appuyer, et je ne vous en propose aucun qui ne mérite à tout égard son avancement. Ceux qui ont des anciens n'en doivent pas souffrir dès que leurs actions et leurs talents les mettent au-dessus d'eux, et les rendent essentiellement nécessaires à la défense de la colonie, surtout, eu égard aux circonstances présentes. J'ose espérer, Monseigneur, que vous voudrez bien vous en rapporter à moi ; je ne considère que le mérite, et je ne m'attache qu'aux sujets qui sont en état de continuer à signaler leur zèle pour le service du roi. Je puis compter sur tous ceux que j'ai l'honneur de vous proposer ; jusqu'au dernier enseigne, il n'y en a pas un seul qui ne soit très vigoureux, intrépide et au fait des guerres sauvages, ils en ont plusieurs fois donné des preuves, surtout cette année et la précédente.

M. LE MARQUIS DE VAUDREUIL

A Montréal, le 30 octobre 1755.

Liste des officiers qu'il propose pour remplacer ceux qui seront employés dans les 10 compagnies d'augmentation.

Monseigneur,

Les officiers de cette colonie que j'ai l'honneur de vous proposer pour les dix compagnies que j'ai celui de vous demander d'augmentation, forment un vide dans chacun de leur grade. Ci-joint, Monseigneur, la liste des officiers que j'ai celui de vous proposer pour les remplacer, dans laquelle j'ai compris trois enseignes en pied de Louisbourg pour compléter le remplacement des officiers de ce grade.

M. LE MARQUIS DE VAUDREUIL

A Montréal, le 30 octobre 1755.

Propose le Sieur Le Gardeur de Repentigny, capitaine à Louisbourg, pour remplacer M. Duplessis-Fabert.

Monseigneur,

J'ai l'honneur de vous proposer M. Le Gardeur de Repentigny, capitaine des troupes de la marine de Louisbourg, pour remplacer M. Duplessis-Fabert. Je ne dis rien, Monseigneur, dans mes observations au sujet de cet officier, qu'il ne mérite à tous égards, et je ne puis me dispenser d'avoir l'honneur de vous réitérer qu'il servira bien plus utilement dans cette colonie qu'à Louisbourg. Il est également aimé des troupes, canadiens et sauvages ; c'est un officier très nécessaire, surtout, eu égard aux circonstances présentes. Ce qui m'engage à vous supplier, Monseigneur, de vouloir bien lui accorder sa lettre de passe, et les grâces que j'ai l'honneur de vous demander pour lui.

M. LE MARQUIS DE VAUDREUIL

A Montréal, le 30 octobre 1755.

Demande que les officiers de Canada qui servent à l'Isle Royale soient renvoyés à Québec.

Monseigneur,

J'ai l'honneur de vous envoyer, ci-joint, la liste des officiers canadiens qui servent dans les troupes de Louisbourg. Comme ils connoissent la colonie, et sont expérimentés dans la guerre de ce pays-ci, je vous supplie, Monseigneur, de vouloir bien leur accorder leur lettre de passe pour qu'ils soient employés dans le remplacement des officiers de la colonie, et dans les dix compagnies que j'ai l'honneur de vous demander d'augmentation. Ainsi que j'ai celui de vous le proposer, leurs services à Louisbourg sont moins utiles que dans cette colonie, où nous avons essentiellement besoin d'officiers canadiens et accoutumés dès leur enfance à nos voyages qui sont très pénibles. Ces officiers canadiens peuvent aisément être remplacés de France. Ils sont au nombre de douze, dont sept sont dans la colonie, et actuellement employés au service, comme je l'ai marqué dans mes observations.

Il sera juste, Monseigneur, que ces Messieurs prennent leur rang d'ancienneté du jour de leurs lettres de service à Louisbourg. M. de Charly est employé en qualité d'enseigne en pied depuis le premier avril 1754. Le roi ayant nommé le même jour M. D'Ailleboust de Caryon, enseigne en second, pour remplacer le dit Sieur Charly, fait enseigne en pied, et comme sa commission fut oubliée, M. le chevalier Drucourt le fit reconnoître, et servir en la dite qualité, ce qui m'engagea à vous supplier, Monseigneur, de vouloir bien lui accorder son ancienneté du dit jour premier avril 1754.

A Montréal, le 30 octobre 1755.

Monseigneur,

J'ai l'honneur de vous rendre compte par une de mes lettres de ce jour, de la mort des officiers de cette colonie qui étoient décorés de la croix de Saint-Louis. Celles de MM. le baron de Longueuil, de Fonville et Marin doivent avoir été remises à M. le marquis Duquesne, celle de M. le Gardeur de Saint-Pierre est en mon pouvoir.

VAUDREUIL.

M. LE MARQUIS DE VAUDREUIL

A Montréal, le 30 octobre 1755.

Demande une pension de 150 livres pour les Vves des Sieurs Saint-Pierre et de Beaujeu.

Monseigneur,

Je ne puis me dispenser d'avoir l'honneur de vous rendre les bons témoignages que je dois à la mémoire de MM. Le Gardeur de Saint-Pierre et de Beaujeu, capitaines.

Le premier était un officier d'un mérite supérieur, il réunissoit à ses talents pour le gouvernement des

nations sauvages, une intrépidité à toute épreuve ; il a été malheureusement tué le 8 7bre au portage du lac Saint-Sacrement à la tête des sauvages et des Canadiens. Je ne puis, Monseigneur, vous exprimer combien ce capitaine est généralement regretté ; son zèle pour le service du roi, son attachement à sa patrie et ses lumières lui avoient acquis, à tous égards, la confiance du soldat, du Canadien et des sauvages. Il s'est signalé dans toutes les occasions et n'a point cessé d'être employé depuis qu'il est dans le service, surtout à combattre l'ennemi. Je ne dois pas vous dissimuler, Monseigneur, que la perte de ce capitaine est irréparable, et que cette colonie s'en ressentira longtemps. M. de La Galissonnière le connoissoit ; il pourra vous informer de ses services.

Le second étoit également un très bon officier, qui avoit très bien servi ; il a été tué le 9 juillet dans le combat qu'il livra à l'armée du général Braddock à trois lieues du fort Duquesne.

Fondé sur ces témoignages que je dois essentiellement à la justice et au bien du service du roi, j'ai l'honneur de vous supplier, Monseigneur, de vouloir bien procurer aux veuves de ces deux capitaines une pension de 150 livres à chacune, moins à cause du besoin qu'elles en ont, qu'à titre de récompense des services de leurs époux ; et pour preuve de la satisfaction que Sa Majesté en a, cette grâce flattera infiniment nos Messieurs, qui en général y prennent le même intérêt que moi.

M. LE MARQUIS DE VAUDREUIL

A Montréal, le 30 octobre 1755.

Il s'en faut 700 hommes que ses troupes soient complètes.

Monseigneur,

Mes grandes occupations m'ont ôté la liberté de vous rendre un compte exact de la vraie situation des troupes de cette colonie, mais je puis avoir l'honneur de vous assurer, Monseigneur, qu'il s'en faut au moins d'environ 700 hommes qu'elles soient complètes.

M. LE MARQUIS DE VAUDREUIL

A Montréal, le 30 octobre 1755.

Demande à être autorisé à nommer aux places d'enseignes et demande des commissions en blanc.

Monseigneur,

Je ne puis refuser au bien du service d'avoir l'honneur de vous représenter, qu'il seroit essentiel que je fusse autorisé, Monseigneur, à nommer sous le bon plaisir du roi aux emplois d'enseigne en second, qui vaqueront dans les troupes de la colonie ; je ne vous ferois point, Monseigneur, cette proposition, s'il n'étoit indispensable dans les circonstances présentes, de pourvoir aussitôt au remplacement de ces officiers. Il importe que j'aie toujours les officiers nécessaires relativement aux différents mouvements que je serois obligé d'ordonner, et que j'en aie de vigoureux pour mettre à la tête des petits partis que je ferai marcher de tous côtés. Il n'est que trop certain, Monseigneur, que les officiers de la colonie ne manqueront pas d'occasions pour se signaler, et s'il n'en périt pas beaucoup, ce ne sera pas faute de s'y exposer ; je me dispose à ne pas les laisser oisifs, et je les ai prévenus que je ne prendrois intérêt qu'à ceux qui se distingueront dans les missions que je leur confierai ; je n'userai pas, Monseigneur, de cette liberté, et j'ai l'honneur de vous réitérer que je ne m'en prévaudrai qu'en faveur des sujets qui s'en rendront essentiellement dignes par leurs actions. Je dois vous observer qu'en 1750, M. de la Jonquière fut autorisé à commettre des sujets pour remplir quelque emploi de subalternes, et que dans ce temps-là, les troupes avoient autant de repos qu'elles ont actuellement matière à s'exercer, ce qui me donne lieu d'espérer, Monseigneur, que vous voudrez bien m'envoyer......... lettres d'enseignes en second, les noms et dates en blanc, pour me mettre en état de récompenser à propos, les cadets qui auront donné des preuves de leur zèle et de leur intrépidité.

M. LE MARQUIS DE VAUDREUIL

A Montréal, le 30 octobre 1755.

L'établissement de la Belle-Rivière a fait perdre beaucoup de monde et empêche les cultures.

Monseigneur,

Cette colonie en général est susceptible de grands avantages, mais pour les recueillir, elle auroit besoin de recouvrer sa première tranquillité. Si les terres étoient cultivées, elle seroit en état de nourrir autant de monde qu'il plairait au roi d'y en faire passer, mais les habitants sont épuisés ; ceux qui depuis plusieurs années ont pris des terres, n'ont pu seulement les défricher parce qu'ils ont été commandés par préférence à des habitants aisés et très vigoureux. Je remédie à ces abus autant qu'il est en mon pouvoir.

L'établissement de la Belle-Rivière est la cause directe de la ruine des habitants ; il y en est mort un plus grand nombre que nous ne pourrons en perdre pendant plusieurs années de guerre, et cela, je ne puis vous le cacher, parce qu'ils ont été forcés sans aucun des ménagements que l'humanité exige, à faire le portage des ballots et autres effets qui avoient un principe très opposé au bien du service.

Voilà, Monseigneur, en quel état je trouve les colons et leurs terres ; je ne puis, Monseigneur, refuser à mon zèle pour le service du roi et à mon attachement pour ma patrie, d'avoir l'honneur de vous faire ces observations.

M. LE MARQUIS DE VAUDREUIL

A Montréal, le 30 octobre 1755.

Eloges de MM. Doreil et de Monrepos.

Monseigneur,

Je ne dois pas vous laisser ignorer que M. Doreil, commissaire général des troupes, se donne tous les soins et l'application que cette place exige, il la remplit avec distinction. Il en est de même de M. de Monrepos, lieutenant-général de police de Montréal ; il est également très zélé dans tout ce qui concerne la police, surtout eu égard au logement des troupes.

M. LE MARQUIS DE VAUDREUIL

A Montréal, le 30 octobre 1755.

Eloge du Sieur Martel.

Monseigneur,

Je ne puis refuser à M. Martel, garde des magasins du roi à Montréal, d'avoir l'honneur de vous rendre les meilleurs témoignages de son zèle et de son activité dans toutes les opérations du service, relatives à la place qu'il occupe ; il m'en a, Monseigneur, donné des preuves sensibles dans toutes les occasions.

M. LE MARQUIS DE VAUDREUIL

A Montréal, le 30 octobre 1755.

Le Canada n'est pas en état d'envoyer des vivres à Louisbourg. Il pense comme M. de Drucourt sur les difficultés des commandements des troupes de terre. Les troupes sont en haye et rappellent pour le gouverneur, et donnent la haye sèche à l'ordonnateur, à la Louisiane. Cela devroit être à l'Isle Royale.

Monseigneur,

Les comptes que M. de Drucourt aura eu l'honneur de vous rendre, ne vous laisseront rien à désirer sur la situation de cette place ; je dois seulement avoir l'honneur de vous représenter que, bien loin que cette colonie soit en état de lui procurer des vivres, elle est au contraire obligée d'en demander.

M. de Drucourt m'a fait part des représentations qu'il a l'honneur de vous faire au sujet des difficultés que les commandants de bataillons d'Artois et de Bourgogne lui font sur nombre de cas concernant le service ; je me suis appliqué à en connoître la justice, et j'ai vu qu'il étoit fondé. Permettez, Monseigneur, que je me joigne à lui pour vous supplier de vouloir bien y avoir égard.

M. de Drucourt doit avoir eu aussi l'honneur de vous représenter que conformément à l'usage établi à la Louisiane, les troupes devroient prendre les armes et rappeler pour lui et donner la haye sèche à M. le commissaire-ordonnateur. Je crois, Monseigneur, sous votre bon plaisir, que les mêmes honneurs militaires devroient avoir lieu pour Louisbourg, tout comme pour la Louisiane.

M. LE MARQUIS DE VAUDREUIL

A Montréal, le 30 8bre 1755.

Monseigneur,

Depuis les lettres que j'ai eu l'honneur de vous écrire concernant l'Acadie, M. de Boishébert m'a rendu compte de ce qui s'y est passé d'intéressant.

Les Anglois ont enlevé de force tous les Acadiens, et la plupart des femmes des habitations de Tintamare, du lac, du pont à Buot. M. de Boishébert ne put arriver assez tôt pour les en empêcher.

Il ne restoit que ceux de Petkoudiak, Memramcouk et Chipoudy, qu'il a sauvés.

Les Anglois ont cependant enlevé plusieurs habitants de ces contrées, qui ont été intimidés à la publication qui fut faite le 15 août de l'ordre du commandant de Beauséjour. Ils ont fait fustiger deux femmes, et les ont fait mourir sous leurs coups ; et ils en ont aussi fait fustiger plusieurs autres, et usent de toutes sortes de violences à leur égard. Aussi M. de Boishébert, pour se venger de ces cruautés, se propose de ne point racheter les prisonniers que les sauvages feront à Beauséjour.

M. de Boishébert, suivant mes ordres, fera passer à Chedaïk toutes les femmes et enfants à l'arrivée des petits bâtiments que je lui fais expédier à Caucagne ; et d'abord après qu'il les aura mis à couvert de l'insulte de l'Anglois, il mettra tout en usage pour interrompre le transport des Anglois à la baie Verte ; il ne négligera même rien pour leur faire abandonner le fort de Gaspareaux.

Des sauvages de Pentagoët lui ont rapporté qu'il y a deux vaisseaux de 50 canons à Mapsipicoton qui doivent venir au bas de la rivière Saint-Jean et peut-être monter jusqu'aux habitations. M. de Boishébert pourra les repousser, s'ils n'y sont que ce nombre, en rassemblant les Acadiens et les sauvages du révérend Père Germain, pour aller attaquer l'ennemi partout où il pourra. Il m'expédiera un courrier aux premières glaces pour me rendre compte de la situation des Acadiens et de celle des Anglois.

Le révérend Père Gonnon m'informe que la petite vérole s'étant communiquée à ses sauvages, il ne pourra mener sa mission au Sault de la Chaudière, et qu'ils se transporteront à Mettakulek pour y hiverner, mais comme il n'est pas possible de lui procurer des vivres pour son hivernement, moins à cause que nous en manquons que par la difficulté des chemins, je l'en préviens, et lui marque de faire son possible pour venir au Sault de la Chaudière, ou s'il ne peut faire mieux, de se mettre à portée de M. de Boishébert et du révérend Père Germain, pour qu'ils puissent lui procurer tous les secours qui seront en leur possible. J'ai écrit en conséquence à ce commandant et à ce missionnaire.

La petite vérole a empêché les sauvages du révérend Père Gonnon de frapper vigoureusement l'Anglois, ils leur ont cependant tué des bœufs dont ils feront une petite sècherie qui leur servira pendant l'hiver, et dès qu'ils ne seront plus affligés de la petite vérole, ils iront continuellement en parti sur les Anglois.

M. LE MARQUIS DE VAUDREUIL

A Montréal, le 30 8bre 1755.

Monseigneur,

Quoique j'aie été très occupé à prendre les arrangements convenables pour m'opposer aux progrès des Anglois, j'ai néanmoins donné mon attention à tout ce qui regarde les nations des pays d'en haut. J'ai sérieusement examiné les comptes qui ont été rendus par les commandants de chaque poste; et j'ai d'ailleurs pris toutes les connoissances possibles pour ne rien ignorer. Il est certain, Monseigneur, que les pays d'en haut, en général, ont été bien négligés à tous égards; les nations sauvages sont la plupart en guerre entre elles. J'ai même découvert que plusieurs de ces nations avoient reçu des colliers et paroles de la part des Anglois; j'ai donné les ordres convenables dans chaque poste pour y établir le bon ordre et la bonne police. J'ai prévu aussi tout ce qui pourroit nous assurer la fidélité des nations sans occasionner aucune dépense au roi. J'ai été informé qu'elles attendoient mon arrivée avec impatience. Les chefs Outawas, Folle Avoine, Sakis et Renards m'ont témoigné le plaisir qu'ils avoient de me voir ; ils m'ont prévenu que la joie des nations les plus éloignées égaleroit la leur. Ils ont voulu se charger de leur aller dire qu'ils m'avoient vu, pour les convaincre que les Anglois s'étoient, mal à propos, vantés qu'ils m'enlèveroient en mer, et que jamais je ne viendrois dans cette colonie.

Je me flatte que je verrai le printemps prochain des chefs de toutes les nations, et que je réussirai à rendre leur attachement pour les François, inviolable.

Je ne doute pas, Monseigneur, que vous ne soyez informé de l'excellence des terres du Détroit. Ce poste est considérable, il est bien peuplé, mais on pourroit aisément y placer trois fois plus de familles qu'il n'y en a. Le malheur est que nous n'avons point assez de monde dans la colonie. Je prendrois des arrangements pour favoriser l'établissement de deux sœurs de la congrégation dans ce poste pour l'éducation des enfants sans qu'il en coûte le sol au roi.

M. LE MARQUIS DE VAUDREUIL

A Montréal, le 30 octobre 1755.

Monseigneur,

J'ai l'honneur de vous envoyer ci-joint :

1° La liste des officiers et soldats des bataillons de la reine et de Languedoc qui ont été tués ou blessés dans la campagne de M. le baron de Dieskau au portage du lac Saint-Sacrement.

2° L'état du nombre d'officiers et soldats des bataillons de la reine, de Languedoc, de Guyenne et de Bearn qui sont dans cette colonie.

Vous savez, Monseigneur, qu'il a été pris sur les vaisseaux du roi, l'Alcide et le Lys, dix officiers et 155 soldats du bataillon de la reine, et pareil nombre d'officiers et soldats de celui de Languedoc, ce qui fait 330 hommes de moins dans ces deux bataillons.

Les bataillons qui sont à Louisbourg paroissent complets, suivant la liste qui m'en a été envoyée, celui d'Artois est de 31 officiers et 489 soldats, et celui de Bourgogne de 31 officiers et 491 soldats.

3° Quatre états de service qui m'ont été envoyés par M. de Roquemaure, commandant le bataillon de la reine, pour procurer la croix de Saint-Louis à Messieurs d'Hébecourt, d'Hert, Germain et Delmas, capitaines.

4° Trois autres états de service qui m'ont été adressés par M. Privat, commandant le bataillon de Languedoc, pour procurer la croix de Saint-Louis à MM. le chevalier de Marillac, de Basserode, chevalier Rennepont, capitaines, et un quatrième état des services de M. Parfouru, lieutenant, commandant la nouvelle compagnie de grenadiers, pour lui procurer une commission de capitaine.

5° Deux états de service qui m'ont été envoyés par M. Hurault de l'hôpital, commandant le bataillon de Béarn, pour procurer à M. de Trépezec, capitaine, et à M. de Rasmorduc, capitaine en second, la croix de Saint-Louis.

Je ne saurois, Monseigneur, que m'en rapporter à Messieurs les commandants de ces trois bataillons, pour les grâces qu'ils demandent en faveur de leurs officiers. Je ne les connois point particulièrement, ainsi je ne puis avoir l'honneur de vous en rien dire de moi-même ; je dois cependant rendre les meilleurs témoignages du zèle de MM. les commandants des quatre bataillons, de MM. les officiers et des troupes, ils m'en ont donné des preuves dans les différents mouvements que j'ai été obligé de leur ordonner pour en imposer à l'ennemi.

Je dois, Monseigneur, avoir l'honneur de vous représenter qu'il n'est pas nécessaire qu'il y ait d'officier général à la tête de ces bataillons, on peut sans cela les discipliner et les exercer ; les guerres de ce pays-ci sont bien différentes de celles d'Europe, nous sommes obligés d'agir avec beaucoup de prudence, pour ne rien donner au hasard. Nous avons peu de monde et pour peu que nous en perdions, nous nous en ressentons.

Quelque brave que pût être le commandant de ces troupes, il ne pourroit connoître le pays ; il ne voudroit peut-être pas agréer les avis que des subalternes pourroient lui donner, il s'en rapporteroit à lui-même ou à des conseils mal éclairés, et il n'auroit point de succès quoi qu'en se sacrifiant. Je fonde mes représentations sur l'événement de la campagne de M. de Dieskau. D'ailleurs, je ne dois pas vous dissimuler, Monseigneur, que les Canadiens et les sauvages ne marcheroient pas avec la même confiance sous les ordres d'un commandant des troupes de France, que sous ceux des officiers de cette colonie. Je me flatte que vous agréerez mes représentations ; elles ont pour principe le bien du service et de cette colonie.

M. de Saint-Vincent, capitaine au régiment de Guyenne, m'a demandé de passer en France l'année prochaine, à cause de ses infirmités. Je me conformerai aux ordres du roi à cet égard.

J'informe M. le comte d'Argenson de la réception de M. le chevalier de Montreuil à l'ordre royal et militaire de Saint-Louis, et en conséquence de la lettre dont il m'avoit honoré, je lui en adresse mon certificat. Permettez, Monseigneur, que je joigne ici à cachet volant la lettre que je lui écris, et que je vous supplie de vouloir bien la lui faire remettre si vous l'approuvez.

M. LE MARQUIS DE VAUDREUIL

A Montréal, le 31e 8bre 1755.

Monseigneur,

Je puis en toute sûreté avoir l'honneur de vous rendre compte que je suis heureusement parvenu à arrêter les progrès des Anglois dans tous leurs projets.

La campagne de M. de Dieskau, quoique très contraire au succès que je devois en espérer, a néanmoins intimidé les Anglois, qui avançoient avec des forces considérables pour attaquer le fort Saint-Frédéric qui n'auroit pu leur résister ; après quoi ils n'auroient trouvé nulles difficultés à pénétrer plus avant, et il aurait fallu de grands efforts de notre part pour les faire retirer.

Les Anglois ont eu constamment une armée de 3,000 hommes à Chouaguen, sous le commandement du gouverneur Shirley, bien munie d'artillerie, pour entreprendre l'expédition de Niagara et du fort Frontenac, mais les camps d'observation que j'ai tenus dans chacun de ces forts les ont contenus et les ont obligés à se garder, craignant que pendant qu'ils iroient attaquer l'un de ces forts, les troupes, les Canadiens et les sauvages, qui étoient dans l'autre, fussent tout de suite à Chouaguen. Je viens d'apprendre que leur armée se retiroit et qu'ils n'y laissoient qu'une forte garnison.

Nous ne pouvions, Monseigneur, rien espérer de plus heureux ; j'ai arrêté l'ennemi, et sans les justes mesures que j'ai prises, il seroit actuellement en possession de Niagara et par conséquent de tous nos postes des pays d'en haut.

M. LE MARQUIS DE VAUDREUIL

A Montréal, le 2 9bre 1755.

Départ de la Sirène. M. de Tourville est un excellent officier. Il n'a su que le 31 octobre, le départ de Chouaguen de l'armée de M. Shirley.

Monseigneur,

Mes grandes occupations ne m'ont pas permis d'expédier plus tôt la frégate la Sirène. Je craignois, Monseigneur, être dans le cas de vous rendre compte de la résistance que j'aurois opposée au gouverneur Shirley, s'il avoit marché avec son armée pour assiéger Niagara ou le fort Frontenac ; et je n'ai pu positivement savoir le départ de son armée de Chouaguen que le 31 du mois dernier.

Je fais partir un courrier pour porter mes dépêches à Québec, M. le chevalier de Longueuil les remettra à M. le chevalier de Tourville. Je lui donne les mêmes ordres qu'à M. de la Jonquière pour éviter les Anglois, et jeter mes dépêches à la mer dans le cas qu'il ne pût éviter le combat, ni résister à la supériorité des forces de l'ennemi.

Je donne aussi ordre à M. de Tourville de recevoir à bord de sa frégate les Anglois que M. de Longueuil fera embarquer, ce sont de très mauvais sujets et par conséquent à charge à la colonie; il les remettra au commandant du port où il débarquera pour que vous puissiez en disposer.

Je dois, Monseigneur, avoir l'honneur de vous rendre les meilleurs témoignages du zèle de M. de Tourville; c'est un très excellent officier qui désire les occasions de se signaler.

Je souhaite, Monseigneur, que cette frégate arrive heureusement en France; il est d'une conséquence infinie à cette colonie que mes dépêches vous parviennent.

M. LE MARQUIS DE VAUDREUIL

A Montréal, le 6 9bre 1755.

Il demande la grâce du nommé Pierre Chartier dit La Victoire, soldat déserteur, qui a bien servi depuis à l'Acadie.

Monseigneur,

J'ai l'honneur de vous représenter que le nommé Pierre Chartier dit La Victoire, soldat de la compagnie de Vergor, déserta, il y a quelques années, du fort de Beauséjour et se réfugia chez les Acadiens. Il fut condamné par contumace à subir la peine de sa désertion. Ce soldat a resté avec les Acadiens jusqu'au moment qu'il eut connoissance que les Anglois se disposoient à aller assiéger le fort de Beauséjour ; il s'échappa, craignant d'être forcé de prendre les armes contre nous, et fut avertir M. l'abbé Le Loutre des vues de l'ennemi ; il offrait même de rentrer dans notre fort pour contribuer à sa défense, si M. de Vergor, qui y commandoit, vouloit lui promettre sa grâce. Ce commandant, touché du retour de ce soldat, le reçut avec promesse de lui faire obtenir son pardon, et pendant le siège, il combattit l'ennemi ; il fut ensuite à la rivière Saint-Jean et assista au combat que M. de Boishébert livra aux Anglois, dont j'ai eu l'honneur de vous rendre compte dans une de mes lettres concernant l'Acadie. Ces deux commandants lui ont expédié des certificats de sa bonne conduite et de son zèle ; il est caché dans la colonie ; il m'a fait présenter ses certificats, et M. de

Vergor et de Boishébert me sollicitent en sa faveur, ce qui m'engage, Monseigneur, à vous supplier de vouloir bien lui procurer des lettres de grâce du roi, en considération de son retour et des preuves qu'il a données de sa fidélité.

M. LE MARQUIS DE VAUDREUIL

A Montréal, le 6 novembre 1755.

Il renvoie en France le Sieur de Bayeuville pour insubordination.

Monseigneur,

J'ai l'honneur de vous rendre compte que je ne puis me dispenser de renvoyer en France le Sieur de Bayeuville, cadet à l'aiguillette, à cause de son insubordination et de sa mauvaise conduite.

Il étoit au camp de Carillon, il déserta nuitamment et débaucha des Canadiens pour les ramener à Montréal. Cet exemple est très nécessaire pour maintenir les troupes et les milices dans la subordination.

M. VARIN

A Québec, le 15 8bre 1755.

Demande à être placé au Cap, à la Louisiane ou ailleurs et une indemnité.

Monseigneur,

J'ai l'honneur de vous rendre compte que suivant les ordres de M. Bigot, je me suis rendu ici pour y prendre avec lui les arrangements nécessaires aux préparatifs de l'année prochaine. Je me rendrai incessamment à Montréal pour les exécuter. J'espère, Monseigneur, que vous aurez la bonté de faire attention à la dépense que j'ai été obligé de faire pendant huit mois qu'a duré l'absence de M. Bigot, ce qui m'a coûté 8 à 10 ... d'extraordinaire pour soutenir avec quelque décence la place que j'occupois alors.

Je vous supplie aussi, Monseigneur, de vouloir bien m'accorder mon avancement que je me flatte de mériter par mes longs services, et me destiner où il vous plaira, soit au Cap François, à la Louisiane ou ailleurs ; mais permettez-moi de vous représenter très respectueusement, Monseigneur, que je ne puis plus soutenir le climat de ce pays-ci, où ma délicate santé commence à se détruire entièrement.

J'ai lieu de croire qu'il ne vous reviendra, Monseigneur, rien que d'avantageux de mon application et de mon zèle à procurer le nécessaire pour les grandes opérations qui ont eu lieu en ce pays-ci depuis trois ans, et particulièrement cette année-ci qui a été des plus critiques pour le Canada par les entreprises de l'Anglois, et qui n'ont échoué que par la victoire heureusement remportée à la rivière Ohio sur le général Braddock par feu M. de Beaujeu, mon beau-frère, qui s'y est sacrifié.

———

LE SIEUR LEVASSEUR

A Québec, le 6 9bre 1755.

M. Bigot va faire commencer la seconde frégate quoiqu'on n'ait rien repondu sur le plan envoyé. La première sera en état de partir au printemps. Il eut été à souhaiter qu'elle fut partie l'automne à cause des neiges. Le Sieur Cressé a construit au fort Frontenac une goelette de 10 canons et va en construire une seconde.

Monseigneur,

J'ai eu l'honneur de vous rendre compte l'année dernière de l'état où étoient les travaux de la construction, et j'ai remis à M. Bigot le plan de la seconde frégate dont les bois sont rendus ici, nous n'avons eu aucune réponse à ce sujet, et le plan n'a .pas été renvoyé. Cependant, M. l'intendant est dans l'intention de faire commencer cet hiver les coupes de cette frégate, si nos ouvriers ne peuvent être employés aux travaux de la colonie. Alors ce bâtiment sera en état d'être monté sur le chantier de la frégate, aussitôt qu'elle sera lancée ; elle pourra l'être dès le petit printemps, et pourra partir aussitôt : sa mâture et ses agrès sont entièrement finis.

Il eût été à souhaiter qu'elle eût pu partir cet automne, son retardement sur le chantier est fort préjudiciable à sa durée, étant impossible de la mettre à l'abri des neiges qui échauffent extrêmement les bois, lors de leur fonte. J'ai pris contre cet inconvénient toutes les mesures possibles ; cependant, il ne laisse pas d'en rester auxquels je ne puis remédier.

Le Sieur Cressé, sous-constructeur, a construit au fort Frontenac une goélette de dix canons, et doit en construire une seconde.

L'attente de vos ordres au sujet de la frégate que nous comptions devoir armer tout de suite, m'a empêché d'aller, moi-même, veiller à ces travaux ; rien ne pouvant m'empêcher de me transporter avec beaucoup de zèle partout où je pourrai être de quelque utilité au service.

Je ne crois pas que les circonstances présentes puisssent me permettre de continuer mes visites dans les bois pour y découvrir des *pinières* propres à fournir des mâtures, cependant rien ne me retiendra, et les dangers de la guerre ne m'arrêteront pas un instant, si M. Bigot le juge nécessaire.

A Québec, le 15 mars 1755.

PROCÈS-VERBAL

De visite de Pinières *à la rivière Senaramiac*

Nous, chef des constructions des vaisseaux du roi, et inspecteur des bois et forêts en Canada, accompagné de M. Joseph Corbin, charpentier entretenu, et de six autres charpentiers, nous sommes rendus par ordre de M. l'intendant, à la rivière Senaramiac, pour y constater des pinières propres à fournir des mâtures pour les vaisseaux du roi ; à cet effet y étant arrivés, nous avons parcouru tout le côté du nord de cette rivière jusqu'à deux lieues environ de profondeur, et nous y avons trouvé des bouquets de pin rouge, semés de distance en distance, tels que nous les y avons déjà remarqués dans les précédentes visites ; ils sont de moyenne grosseur mêlés de cyprès. L'extraction en sera aisée en profitant des eaux du printemps ; tous ces arbres étant le long de la rivière, il est facile de les y rendre l'hiver sur les neiges en les exploitant.

Nous avons passé la rivière Senaramiac après avoir attendu au cabanage qu'elle fut assez prise pour nous porter ; nous avons trouvé dans l'espace contenu entre cette rivière et celle appelée aux Pins, qui est parallèle à la première, des cyprès et des pins rouges comme du côté du nord de la rivière Senaramiac ; cet espace n'étant que de deux lieues tout au plus, et les pins se trouvant le long des deux rivières, l'extraction en sera toujours praticable par celle de ces deux rivières qui sera la plus près.

L'échantillon de ces mâts est de vingt-trois pouces et au-dessous, il y en a de plus forts, mais ils sont en petite quantité; l'on en trouvera cependant toujours quelques-uns dans toutes les exploitations que l'on voudra faire. J'en ai fait marquer plusieurs qui porteront jusqu'à trente pouces et plus; mais on ne peut faire fond sur beaucoup de ces arbres. Nous avons découvert de l'autre côté de la rivière aux Pins, que nous n'avons pas passée sans peine, une pinière de pins rouges qui va rendre à la rivière aux Sables, en suivant un coteau parallèle au lac. Cette rivière va en profondeur comme la rivière Senaramiac et est distante de celle aux Pins de deux lieues environ. Cette pinière que le dégel ne nous a pas permis de visiter exactement, paroît de la qualité et de l'échantillon de celles ci-dessus. Il est à présumer que l'espace contenu entre ces deux rivières est boisé par contrées, comme sont les terrains que nous avons visités entre les autres rivières.

Les temps mols et les eaux dont les bois étoient inondés, nous ont empêchés d'approfondir davantage les quantités de mâtures que l'on pourroit tirer de cette contrée ; mais en exploitant on en découvrira toujours de nouvelles, étant impossible de s'assurer exactement de tous les bois à moins de faire un long séjour dans le même endroit ; ce que je n'ai pu faire, n'ayant pu rester que douze jours, tant à aller qu'à revenir et à rester à la cabane, les temps impraticables nous ayant presque toujours contrariés.

Malgré l'attention que nous apportons à découvrir des mâtures, nous en avons trouvé un bouquet de fort belles, que nous n'avions pas vues, quoique près d'un endroit où nous en avions déjà exploité ; ce qui prouve ce que j'ai dit ci-dessus, qu'il s'en trouvera toujours à mesure que l'on travaillera.

Je serai à même de faire de plus longues et plus exactes visites, lorsque mes travaux de Québec me le permettront.

L'automne semble être le temps le plus commode pour faire de semblables découvertes.

(non signé)

M. IMBERT

A Paris, le 2 février 1755.

M. de Laporte.

Monseigneur,

Je n'ai pu, pendant mon séjour à Versailles, trouver un moment favorable pour avoir l'honneur de vous faire ma cour. Etant obligé de partir incessamment pour me rendre au lieu de mon embarquement, j'ai pris la liberté de vous adresser, Monseigneur, un mémoire concernant la gestion de ma caisse en Canada, le détail en devient de plus en plus considérable. J'ai besoin de secours pour le faire avec plus d'ordre et plus d'agrément, je supplie très humblement Votre Grandeur, d'avoir égard à la justice de mes demandes.

A MONSEIGNEUR

le garde des Sceaux, ministre et secrétaire d'Etat de la marine.

Le Sieur Jacques Imbert, trésorier de Canada, représente humblement à Votre Grandeur, que depuis cinq ans, les mouvements intérieurs de la colonie lui ont occasionné un travail trop forcé pour le faire avec régularité. Il a souvent fait ses représentations sur les difficultés du détail immense dont il est chargé ; il a sollicité une permission de passer en France pour se perfectionner dans son emploi, recevoir des nouvelles instructions qui sont nécessaires pour suivre sa gestion avec plus d'ordre.

Ces difficultés sont la solde des troupes. La quantité des décharges qu'il est obligé de payer journellement sans avoir le temps de calculer les pièces, la rentrée annuelle du papier et monnaie de carte à convertir en lettres de change qu'il est obligé de recevoir avec une précipitation dangereuse.

1er ARTICLE

Appointements et solde des troupes.

De toutes les parties du service dont la caisse est chargée, la solde des troupes est celle qui l'expose le plus. Ce détail a toujours été l'objet du retardement de la reddition des comptes de son prédécesseur qui en a laissé sept à rendre. Après sa mort, M. l'intendant a pourvu à ces inconvénients par l'ordre qu'il a donné d'expédier en forme les dépenses journalières du service et pour mettre le trésorier en état de les rendre annuellement pour l'exercice précédent. Il a été décidé que les décharges pour la solde des troupes seroient expédiées en plein et que le trésorier donneroit sa soumission, pour le restant à payer aux officiers ou soldats détachés dans les forts et postes des divers pays d'en haut, lesquelles soumissions deviennent nulles, lorsque les dits acquits sont rapportés ; cet arrangement a paru le plus facile pour accélérer l'expédition des comptes. Il y a cependant des inconvénients qui deviennent à charge au trésorier et l'exposent à plusieurs doubles emplois occasionnés par l'exemple suivant :

Plusieurs officiers et soldats étant destinés pour servir dans différents forts, la distribution s'en fait à Québec et à Montréal, et chaque officier ou soldat sont apostillés sur les extraits de chaque compagnie et leur solde est retenue.

Lorsqu'ils sont rendus à destination, plusieurs changent de poste pour raison de service, et ce, par ordre des commandants des dits postes, d'où il s'en suit cet abus — exemple — Pierre est détaché et apostillé pour Niagara, six mois après il est au fort Frontenac, et de là quelquefois ailleurs, sans que le commissaire en soit instruit. Ce soldat ambulant de fort en fort pendant trois ou quatre ans et quelquefois plus longtemps, est attaché à un fort où il devient utile, le roi le nourrit, sa solde reste en dépôt et il la touche après plusieurs années, ou par lui-même, ou par procuration. Les ordres sont expédiés ordinairement à Montréal, et souvent à Québec, savoir : un ordre expédié au soldat et un autre au porteur de procuration, ce qui ne se découvre que six mois après, c'est-à-dire lorsque le trésorier vérifie les acquits sur les extraits qu'il reçoit de Montréal, et souvent deux ans après.

Le recouvrement de ce double paiement ne peut être fait sur les capitaines qui ne touchent que la solde des présents, ainsi le trésorier perdroit beaucoup si Sa Majesté ne lui en accordoit le remboursement.

Il y a eu plusieurs de ces ordres expédiés doubles, ce que le trésorier est en état de prouver.

Dans certains forts le soldat touche partie de la solde en marchandises du magasin du roi, au fort, le garde-magasin en envoie l'état pour être retenu et le trésorier se charge en recette extraordinaire de ce qu'il a touché, mais il arrive souvent que cet état n'arrive qu'après que le soldat a été payé. Il en résulte un double emploi à la charge du roi.

Observations sur les payements faits de la solde des dits extraits pour les dits soldats présents.

Les différents mouvements de ce corps à l'occasion de l'établissement de la Belle-Rivière ayant obligé M. le général à détacher un grand nombre d'officiers, il s'est trouvé l'année dernière sept compagnies à Québec sans aucun officier, et le trésorier demandant décharges valables, a été obligé de payer à un sergent la solde des soldats présents aux dites compagnies, pourquoi il a sollicité les quittances du major de chaque gouvernement.

Il y a souvent un officier présent à la compagnie suivant l'extrait, mais il ne réside point à la garnison; le trésorier ne peut avoir ses quittances lorsqu'il paye la solde. Il est souvent à Montréal par congé, et il en part quelquefois pour aller servir dans les forts, et alors le trésorier se trouve dans l'impossibilité de retirer quittances à sa décharge, c'est à cette occasion qu'il a exigé les quittances du major.

Il conviendroit donc qu'il y eût toujours un officier subalterne présent pour conduire le reste de la compagnie en résidant dans sa garnison ou au moins s'y trouver pour compter et fournir quittance par quartier. Il seroit même nécessaire qu'il y eût un bureau particulier pour cette partie, et que ceux qui seroient préposés pour le conduire fussent instruits des différents changements qui se font dans le corps des troupes.

Il a été proposé de payer la solde de la compagnie complète à chaque capitaine, mais le déplacement en a empêché l'exécution.

La meilleure proposition et la plus juste seroit de payer la solde des troupes au major de chaque gouvernement en lui donnant un commis pour suivre le détail ; cet arrangement épargneroit au roi tous les doubles emplois, et le trésorier auroit des décharges solides pour la chambre.

Le trésorier désire savoir avant son retour de quelle façon les troupes auxiliaires seront payées.

2e ARTICLE

La quantité de décharges que le trésorier est obligé de payer journellement ne lui permet pas de calculer les états qui sont dressés dans les bureaux, il ne peut pas y suffire, cependant il s'y glisse souvent des erreurs qu'il fait rectifier lorsqu'il les découvre, mais celles qui lui échappent, ne pouvant relire tous les acquits, deviennent à sa charge, ce qui n'est pas juste, vu l'impossibilité de vérifier avant de payer ; il seroit nécessaire d'avoir dans les bureaux du contrôle, une personne préposée pour examiner les décharges en forme, et qui n'eût d'autre détail que de vérifier les états avant d'être munis de la signature du contrôleur, et que le trésorier eût aussi un commis capable de vérifier ces mêmes états quoique contrôlés avant de les acquitter.

3e ARTICLE

La rentrée annuelle du papier et monnaie de carte à convertir en lettre de change est une opération des plus dangereuses pour le trésorier. Le temps est si limité pour sa recette et la distribution de ses traites, qu'il est souvent exposé à des erreurs considérables. Il conviendroit de mettre plus de temps à cette recette et à la distribution des lettres de change en commençant plus tôt et lui procurant le secours dont il a besoin en cette saison.

Observations sur les soumissions du trésorier pour les billets manuscrits qu'il a retirés du public avec des billets imprimés.

D'après le 25 octobre 1750 au 15 septembre 1751, il y a eu en billets manuscrits pour le payement des dépenses de services, 2,399,895 livres 15. Le trésorier avoit donné sa soumission au roi de la dite somme.

Lorsque M. Bigot a jugé nécessaire d'avoir des billets imprimés, tant pour la facilité du service que du public, ces billets imprimés ont servi à retirer les manuscrits, et le trésorier les a comptés en présence de M. Bréard, contrôleur, qui les a brûlés pour éteindre la soumission précédente, mais il se trouve dans les mains du trésorier 5,967 de ces billets manuscrits au delà de la soumission. Il demande qu'il soit ordonné de lui en faire le remboursement. Si le trésorier eut rapporté des billets au-dessous de sa soumission, il aurait été obligé d'en fournir une pour le surplus. Il y a donc de la justice à lui tenir compte de ce qu'il a payé au delà.

La raison de cette différence provient des billets faux dont je ne dois pas supporter la perte. Il y a aussi 400 livres de billets imprimés, altérés, dont le remboursement lui est également dû, ainsi que les doubles emplois dont il se trouve chargé depuis qu'il est trésorier.

Le Sieur Imbert a l'honneur de vous représenter aussi, Monseigneur, que ses appointements ne sont pas proportionnés aux charges de son emploi. Il n'a pas de quoi se défrayer de sa dépense annuelle quoique très médiocre, la cherté des vivres et de l'entretien, le bois de chauffage qu'il est obligé de fournir dans deux bureaux, les courses qu'il fait pour le service, l'obligent à vous demander, Monseigneur, son bois de chauffage.— Un gardien du bureau qui feroit aussi les commissions afin de ne point détourner son commis qui perd beaucoup de temps pour le transport des papiers en différents bureaux.

Après dix-huit années de service sans interruption dans un travail continuel, il supplie Votre Grandeur de lui accorder le titre d'écrivain principal, qui n'est point imcompatible à son emploi et l'attachera plus particulièrement aux intérêts du roi et au bien du service. Cette dignité le mettroit en état de travailler avec plus d'ordre dans sa gestion, ayant continuellement à traiter avec ceux qui ont quelques grades dans la marine. M. l'intendant qui connoît l'étendue de mon travail et mon assiduité à remplir mes devoirs peut en rendre compte. J'ose me flatter que son témoignage ne peut m'être qu'avantageux.

A Paris, ce 25 février 1755.

IMBERT.

M. BRÉARD

A Québec, le 13 août 1755.

Monseigneur,

L'absence de M. Bigot qui est à Montréal depuis le 30 juillet, et l'incertitude où je suis, si les lettres qu'il m'a adressées pour la cour et que j'ai remises au capitaine de la gabarre du roi la Macreme, prête à faire voile pour Brest, arriveront à bon port, me font prendre la liberté de vous adresser, Monseigneur, par le navire les Deux Frères de Saint-Valléry, capitaine Elie, expédié pour la Rochelle, copie des pièces que M. l'intendant m'a envoyées de Montréal, au sujet de l'action passée le 9 du mois dernier, à trois lieues du fort Duquesne, entre un parti de 900 hommes, dont deux cent cinquante sauvages, sous le commandement de M. de Beaujeu, et 2,000 Anglois faisant partie d'un corps de 3,000 qui venait attaquer ce fort, M. Bigot me marque, Monseigneur, par sa lettre du 7 du courant, de faire monter à Montréal, avec toute la diligence possible, 300 habitants, demandés par M. de Vaudreuil du gouvernement de Québec, et 50 de celui des Trois-Rivières, pour aller faire la récolte des blés, tous les hommes du gouvernement de Montréal, en état de marcher, ayant été commandés pour défendre les approches du fort Saint-Frédéric aux Anglois, qui y marchent avec un corps de trois mille hommes et un train d'artillerie.

Comme le salut de la colonie dépend de la sûreté de cette récolte, qu'on pense qui sera bonne, je n'ai rien négligé pour seconder le zèle de M. Bigot, et sa demande a été remplie. Il est à craindre que les ennemis avancent assez près du fort pour en former le siège, qu'il ne soit pris, ses ouvrages étant peu en état et sa garnison foible.

Les mouvements des Anglois à Chouaguen sont, Monseigneur, très considérables, les derniers avis reçus de ce poste annoncent qu'il y a près de six mille hommes pour le garder et pour s'opposer aux desseins des François de ce côté-là. L'artillerie ne leur manque pas, ils en ont jusques sur des barques qui naviguent sur le lac Ontario, où ils ont aussi quantité de bateaux.

L'armée françoise qui s'est formée à Montréal est au-dessus de cinq mille hommes, dont la plus grande partie est filée à Niagara, elle est assez pourvue du nécessaire ; je n'ose m'exposer dans le détail de ses mouvements, ne m'étant pas assez connu.

Si la colonie est assez heureuse, Monseigneur, pour éviter la prise du fort Saint-Frédéric, et faire quelque progrès du côté de Chouaguen, elle sera à couvert pour cette campagne des incursions des ennemis, et les sauvages des Cinq Nations se décideront sûrement cet hiver en faveur des François ; et d'autres nations suivront leur exemple.

L'escadre de M. le comte Dubois de La Motte s'étend actuellement de l'Isle-aux-Coudres aux Pèlerins, il ne reste plus dans cette rade de Québec que le vaisseau l'Illustre, et la frégate la Sirène ; le premier doit partir incessamment pour se rendre à l'escadre, et la Sirène doit rester en rade jusqu'au mois d'octobre. Une goélette, partie depuis un mois, de Louisbourg, rapporte, par un de ses officiers, arrivé à Québec depuis deux jours, que l'escadre angloise gardoit toujours sa même croisière, qu'il la croyait forte de quinze voiles.

Le peu de santé dont je jouis, Monseigneur, en Canada, et les maladies dangereuses que j'ai essuyées depuis que j'y suis, ne me permettant pas d'y continuer un long séjour sans courir risque de perdre la vie, j'ai pris la liberté de vous demander, l'année dernière, un congé, pour passer celle-ci en France, afin de tenter, par l'air natal et le secours des remèdes que je ne puis trouver ici, le rétablissement de mon tempérament, usé, j'ose le dire, par les veilles qu'il m'a fallu donner pour l'arrangement des finances de la colonie. Comme la saison avance, que le vaisseau porteur des expéditions du Canada n'arrive point, et que ma santé ne peut se refaire, je vous supplie très respectueusement, Monseigneur, d'approuver que je passe, sous le congé de M. Bigot. Je serai toujours à vos ordres pour retourner prendre mon emploi en Canada, si mes services vous y sont agréables.

M. OLIVIER DE VÉZIN

A l'Isle-aux-Coudres du Canada, le bre 1755.

Monseigneur,

Dans le peu de séjour que j'ai fait au Canada, après y avoir terminé les affaires que j'y avois relativement aux forges de Saint-Maurice, j'ai cherché à m'instruire de leur état actuel qui est bien fâcheux, par la perte des bois que l'on y a faite : comme je dois naturellement m'intéresser encore à cet établissement, puisqu'il est mon ouvrage, je crois devoir, Monseigneur, en rendre compte à Votre Grandeur, et la prévenir qu'en suivant plus longtemps l'exploitation que l'on en a faite depuis sa rétrocession jusqu'à présent, elle le ruinera à un point qu'il tombera dans peu de temps, en pure perte au roi.

Pour que Sa Majesté ne soit pas dans le cas d'en courir les risques, j'ai offert à M. l'intendant de cette colonie de faire valoir pour mon compte ces forges, et lui en ai remis un projet en conséquence qu'il doit, Monseigneur, adresser à Votre Grandeur. Si les propositions que j'ai l'honneur d'y faire peuvent convenir aux intérêts du roi, et que Sa Majesté veuille bien me conserver le titre de grand voyer de la province de la Louisiane, sur les assurances, Monseigneur, que je supplie très humblement Votre Grandeur, de m'en donner au plus tôt, je repasserai de la Nouvelle-Orléans au Canada avec ma famille, dès l'année prochaine, pour en examiner de plus proche la possibilité, et y former des arrangements à pouvoir en prendre possession le plus tôt qu'il sera possible, pour qu'elles ne périclitent pas davantage, craignant bien que deux à trois années de plus d'exploitation semblables aux précédentes, n'achèvent de les mettre hors d'état d'en tirer partie.

Je vais attendre là-dessus à la Louisiane les ordres de Votre Grandeur, qu'il est essentiel que je reçoive dans le courant de l'hiver prochain, pour m'arranger en conséquence, soit à y continuer les fonctions de mon emploi de grand voyer, soit à partir par le premier convoi des Illinois pour me rendre au Canada, où je désire donner en cette occasion des marques de mon zèle au service de Sa Majesté, soit en exploitant les forges pour mon compte ou les faisant valoir pour celui du roi en qualité de son directeur, comme il plaira à Votre Grandeur, pourvu qu'elle veuille bien m'en procurer la commission du roi avec des appointements convenables, auxquels je renoncerai, si je ne parvenois pas à remettre cet établissement sur le pied où il doit être, et à faire rendre à ces forges un bénéfice à pouvoir les soutenir, ce dont je me flatte en y travaillant comme pour moi, pourvu que je sois libre d'en former les dispositions à mon gré. Pour être tenu de rendre d'autre compte que celui des fonds que j'y emploierai et de leur produit, ne demandant même à Votre Grandeur d'autres appointements que la moitié du bénéfice que j'espère, tous frais faits de la dite exploitation, avec cent vingt mille francs de fonds, au plus, que Sa Majesté s'obligera à me fournir, ne prétendant point cependant me soustraire à l'autorité de monsieur l'intendant que je respecte trop pour ne pas lui rendre compte de toutes mes opérations fondées sur l'expérience de plus de vingt années de pareille exploitation.

Dans le cas où il plaise, Monseigneur, à Votre Grandeur, me faire parvenir ses ordres pour me rendre au Canada, je la supplie très humblement de prescrire à Messieurs les gouverneur et commissaire-ordonnateur à la Louisiane de me favoriser à me rendre aux Illinois, ce sera un voyage pour moi extrêmement coûteux et peu dispendieux pour le roi, en me donnant seulement un bateau armé de troupes pour m'y conduire, et des rations pour moi et ma famille.

M. LE CHEVALIER LE MERCIER

A Québec, le 20 octobre 1755.

Artillerie et ustensiles à envoyer de France.
Nécessité d'augmenter la compagnie des canonniers.
D'envoyer des mineurs et un monteur en poterie pour les forges de Saint-Maurice.

Monseigneur,

J'ai l'honneur de vous adresser, ci-joint, l'état des munitions et ustensiles d'artillerie qu'il serait nécessaire d'envoyer de France ; cet état, Monseigneur, est la récapitulation de tous les autres, pour les articles qu'on ne peut tirer de la colonie. Je peux vous assurer,

Monseigneur, qu'il n'y en a pas un qui ne soit très utile, mais les indispensables sont les mortiers, bombes, boulets, balles, cornes d'amorce ; et à miliciens fusils, pierres, mèches, poudre de guerre, papiers à gargousses et à cartouches. Si ce sont les indispensables, ils sont aussi les plus considérables. J'espère, Monseigneur, que lorsque vous les aurez examinés, vous approuverez mes demandes, et que vous donnerez vos ordres pour que le tout nous parvienne par les premiers vaisseaux. Si cependant, Monseigneur, il y avoit quelques-uns de ces articles qu'on ne pût pas remplir d'abord, je vous supplie de vouloir bien ordonner qu'il soit envoyé un état des choses sur lesquelles nous pourrons compter, pour qu'en conséquence on puisse faire en son temps les envois à leurs destinations. Loin d'être à même de le faire, Monseigneur, si nous étions privés de vos ordres et de vos intentions, nous serions dans l'obligation de faire descendre du fort Frontenac, partie de ce qui y a été envoyé; et pour lors il n'y auroit plus à penser à l'entreprise projetée.

Vous approuverez, Monseigneur, dans la demande des mortiers la différence des chambres de ceux qui sont destinés pour Québec ou pour Montréal ; les premiers devant inquiéter les vaisseaux, il est de conséquence que la portée des bombes soit bien plus considérable, que ceux qui sont destinés pour être transportés et pour les sièges.

Vu VAUDREUIL.

Artillerie, Canada.
Projet de 1755.

ÉTAT de ce qui est nécessaire d'envoyer de France par les premiers vaisseaux pour mettre l'artillerie de la colonie en bon état, savoir :

Quantité à envoyer.	NOMS DES MUNITIONS.	Calibre de pièces.	DESTINATION DES MUNITIONS POUR		
			Québec.	Montréal.	Les Postes.
4	Canons de fonte à la Suédoise	4	10	....	....
10	Canons de fer	36	10	....	....
16	" "	24	16	....	....
13	" "	18	13	....	....
25	" "	12	15	4	6
16	" "	8	....	8	8
13	" "	6	....	7	6
65	" "	4	13	48	4
6	" "	3	2	....	4
10	" "	2	10	....	....
174			79	67	28

1,234	Boulets ronds	36	1,234	....	....
4,220	" "	24	4,220	....	....
3,721	" "	18	3,721	....	....
13,344	" "	12	12,864	120	360
4,744	" "	8	4,024	240	480
3,826	" "	6	3,256	210	360
....	" "	4	....	Pris à Québec	....
3,400	" "	3	3,000	....	400
3,000	" "	2	3,000	....	....
6,000	" "	1	6,000	....	....
43,489	Total	....	41,319	570	1,600
5	Affûts et mortiers ou crapauds de fer	18	5	....	....
13	" "	12	8	5	....
20	" "	8	12	8	....
16	" "	6	16	....	....
54	Total	....	41	13	....
3,000	Bombes Cominges	18	3,000	....	....
4,500	" "	12	2,500	2.000	....
5,600	" "	8	2,600	3,000	....
2,400	" "	6	2,400	....	....
15,500	Total	....	10,500	5,000	....

ÉTAT de ce qui est nécessaire d'envoyer de France par les premiers vaisseaux.—(*Suite*)

Quantité à envoyer.	NOMS DES MUNITIONS.	Calibre des pièces.	DESTINATION DES MUNITIONS POUR		
			Québec.	Montréal.	Les Postes.
380	Cornes d'amorce à canon	....	280	100	....
5,500	Cornes pour habitants contenant chacune une livre	....	4,000	1,500	....
100	Cuirasses ou armes complètes	....	100	....	....
3,200	Fusils grenadiers à domino, baguette de fer et baïonnette	....	2,000	1,200	....
5,000	Fusils de chasse avec baïonnette	....	4,000	1,000	....
3,000	Fusils pour les sauvages	....	2,000	1,000	....
100	Feuilles de cuivre rouge	....	100	....	....
1,000	Grenades de fossé	....	1,000	....	....
6,000	" " à main	....	600	....	....
10	Mèches à Barrique	....	10	....	....
4	Mortiers de fonte	Cominge.	4	....	....
4	Chambres poirées contenant 12 lbs. poudre de diamètre	12p 4	4	....	....
4	Chambres poirées contenant 5½ lbs. de poudre de.	12p 4	....	4	....
14	Chambres cylindriques contenant 1½ lbs. de poudre de	8p	6	8	....
6	A chambres idem	6p	6	....	....
8	Obus de fonte idem	8p ¾	....	8	....

6	Mortiers de fer idem........................	6p	6	....	....
1	Mortier de fonte pour éprouver les poudres avec son globe..............................	....	....	1	....
15,000	Pierres pour fusils grenadiers..................	....	15,000	....	....
400	Platines de fusils grenadiers..................	....	400	....	....
600	Platines de fusils..............................	....	600	....	....
4,000	Pièces à portée pour fusils....................	....	4,000	....	....
80,000lbs	Plomb en balles de 18 à la livre............	....	80,000	....	....
120,000	Idem de 28 à 30 à la livre..................	....	120,000	....	....
100,000	Idem en Saumon............................	....	100,000	....	....
200,000	Poudre de guerre..............................	....	200,000	....	....
800	Salpêtre..	....	800	....	....
1,000	Souffre..	....	1,000	....	....
500	Cire neuve.....................................	....	500	....	....
1,000	Huile de lin....................................	....	1,000	....	....
200	Idem de pétrole...............................	....	200	....	....
300	Idem de térébenthine........................	....	300	....	....
10,000	Feuilles de parchemin pour gargousse........	....	10,000	....	....
200	Rames de papier à cartouche à canon........	....	200	....	....
300	Rames de papier pour les troupes...........	....	300	....	....

A Québec, le 20 octobre 1755.

LE CHEVALIER LE MERCIER.

Vu VAUDREUIL.

Joint à la lettre du chevalier Le Mercier du 21 octobre 1755.

M. LE CHEVALIER LE MERCIER

A Québec, le 20 octobre 1755.

Monseigneur,

J'ai l'honneur de vous adresser, ci-joint, l'état des munitions qui étoient effectives, au fort Saint-Frédéric, le 12 de septembre dernier. Je n'estime pas, Monseigneur, que ce fort par rapport à lui-même soit susceptible d'autre artillerie ; j'ai l'honneur de vous représenter que si jamais il est attaqué, l'officier d'artillerie qui y sera, y jouera un fort vilain rôle, d'autant qu'il ne sera pas possible de servir les pièces qui seront à l'enceinte; les parapets n'ont que deux pieds et demi d'épaisseur. La maçonnerie ne pourroit soutenir le choc du boulet; et les éclats des pierres détruiroient autant de canonniers qu'on y en mettroit.

La redoute, Monseigneur, n'étant pas flanquée, n'est plus susceptible d'une bonne défense, partie des pièces ne pourroient tirer n'ayant pas assez de commandement sur l'enceinte, celles qui sont à l'étage supérieur seroient démontées très vite.

L'épaisseur du mur qui forme le machicoulis n'étant que de sept à huit pouces.

On vous aura également informé, Monseigneur, de la position de ce fort, du commandement du Rocher, de la facilité que les assiégeants auroient à former leurs attaques et à mettre leurs canons en batterie, sans être incommodés de celui du fort.

Mon intention, Monseigneur, n'est point de faire la critique de ce poste, mais je croirois manquer à ce que je vous dois et à moi-même, si je ne vous en rendois compte ; au surplus,. Monseigneur, je peux vous assurer que malgré ses désavantages, nous ferons de notre mieux chacun dans notre particulier pour concourir à la gloire des armes du roi.

Le zèle que j'ai reconnu dans MM. de Fiedmont et Lusignan me fait beaucoup espérer de ces officiers.

M. LE CHEVALIER LE MERCIER

A Québec, le 20 8bre 1755.

Monseigneur,

Les entreprises des Anglois du côté du lac Saint-Sacrement, leur établissement sur ce lac, le projet qu'ils avoient formé d'attaquer le fort Saint-Frédéric, et d'établir le lac Champlain ont été, Monseigneur, autant de motifs pour s'attacher à défendre cette partie.

M. de Vaudreuil ayant été informé de la position désavantageuse du fort Saint-Frédéric, a fait travailler à des camps retranchés, et m'a ordonné d'envoyer pour cette partie l'artillerie dont je joins ici l'état.

L'avantage, Monseigneur, qu'on espère en retirer sera : 1° La défense des lignes ; 2° l'inquiétude que cela donnera aux Anglois pour leur établissement du lac Saint-Sacrement ; les ressources qu'on en retireroit s'ils venoient à forcer les camps retranchés et à s'emparer de Saint-Frédéric. J'espère toutefois que cela n'arrivera pas, mais il faut, à la guerre, se préparer à tout événement.

Les affûts ne pourront être finis que dans le cours de l'hiver, n'ayant pas actuellement les bois nécessaires ; je ferai en sorte, Monseigneur, que tous ces ustensiles soient solidement construits, et que tous soient rendus à leur destination à la fonte des glaces. Pour ce qui est des canons, on va les mener incessamment à Chambly afin de les passer pendant l'hiver au fort Saint-Jean.

M. LE CHEVALIER LE MERCIER

A Québec, le 20 octobre 1755.

Monseigneur,

J'ai l'honneur de vous adresser, ci-joint, l'état des munitions qui sont effectives à Québec, et celui de ce qui est nécessaire pour cette place.

J'ai eu égard, Monseigneur, en formant ce dernier, aux ressources que nous pouvons tirer de la colonie pour les différentes voitures, et j'ai donné toute mon attention pour concilier l'économie, sans toutefois qu'elle soit préjudiciable à l'honneur des armes du roi.

J'ai fait, Monseigneur, un relevé des articles de ce mémoire pour toutes les choses qui nous doivent venir de France, et nous espérons que vous ordonnerez qu'elles puissent nous parvenir par les premiers vaisseaux, d'autant que, si les Anglois prévenoient leur arrivée, la colonie se trouveroit dans une position des plus tristes.

Pour ce qui est, Monseigneur, de tout ce qu'il est possible d'exécuter dans la colonie, nous ne perdrons pas un instant pendant l'hiver.

Les batteries de cette ville étoient totalement ruinées, les plates-formes pourries, partie des affûts dans le même état. Nous réparons actuellement les batteries Royale et Dauphine ; il a fallu refaire à neuf le quai de cette dernière, les bois qui en forment le revêtement étant totalement pourris.

Toutes les batteries de la basse ville, Monseigneur, sont si près des maisons, qu'il seroit dangereux de les servir à cause des éclats ; mais si l'ennemi vient, on préviendra cet inconvénient en les abattant. Elles sont très exposées à être tournées ; et si l'ennemi s'emparoit de la basse-ville qui est ouverte de toute part, il n'est pas douteux, qu'il se saisiroit bien vite des canons, et les rendroit hors de service. Il a été de tous les temps, Monseigneur, proposé de faire une batterie à la pointe à Carcy, cet endroit est si avantageux qu'il n'échappe point aux personnes qui ont la moindre teinture de l'attaque des places ; et c'est dans l'espérance que vous en ordonnerez la construction que je demande dix pièces de canon de 36 livres de balles. Il arrive, Monseigneur, que dans les forges, en coulant les pièces, il s'en trouve qui sont chargées de métal, ou qui auront le calibre un peu trop fort ou trop faible ; ces défauts qui les font rebuter pour les vaisseaux, ne seroient pas suffisants pour les rendre inutiles à terre, et il ne seroit question que de couler des boulets proportionnés aux calibres des pièces ; ainsi, Monseigneur, s'il n'y a pas possibilité d'en envoyer d'autres, nous ferons usage de ces derniers.

Vous verrez par les états, que la colonie se trouve également dénuée de balles, boulets et de fusils. Ce sont toutes choses, Monseigneur, indispensables pour faire la guerre.

La quantité de poudre que nous avons n'est pas suffisante à beaucoup près, et il pourroit arriver qu'il ne fût pas possible par la suite d'en faire parvenir. Je n'en demande, Monseigneur, que 200 milliers, m'étant restreint à l'indispensable, mais s'il y avoit de la possibilité d'en envoyer plus, ce seroit autant de rendu, et la consommation annuelle en est si forte que, si ce secours nous manquoit, il seroit impossible de faire la moindre entreprise. Vous serez peut-être surpris, Monseigneur, du peu de boulets que nous avons ici relativement aux états des années précédentes, et à l'envoi de cette année. J'aurai l'honneur de vous observer qu'ils ont été portés au fort Frontenac pour être employés à l'entreprise projetée comme vous le verrez par l'état N° 8.

On vous fera peut-être remarquer, Monseigneur, que les affûts de campagne sont innovation, et qu'ils occasionnent de la dépense, mais je peux vous assurer qu'ils sont indispensables pour le transport des pièces ; qu'il en est nécessaire pour toute l'artillerie, destinée à la défense des lignes, à celle qui doit soutenir des troupes et généralement pour toutes les sorties. Aussi les pièces de 12 sont le calibre où j'en emploie le plus.

Les différentes démarches des Anglois, Monseigneur, nous sont des preuves convainquantes de leur desseins ambitieux, et vont occasionner beaucoup de dépenses pour rendre leurs entreprises inutiles ou du moins très difficiles.

Le grand nombre d'hommes dont ils peuvent faire usage relativement à nous, ne nous permettrait rien d'avantageux si l'industrie et la valeur ne nous en tenoient lieu. Nous allons donc, Monseigneur, faire tous nos efforts dans la partie qui nous concerne, et j'ai tout lieu de me promettre d'être parfaitement secondé par MM. de Fiedmont et Lusignan ; ce sont des officiers fort intelligents et pleins de zèle, et il seroit à souhaiter pour le bien du service qu'il y en eût encore trois de cette espèce, n'étant pas possible qu'avec trois officiers d'artillerie, l'on puisse vaquer au service des différents postes et remplir tous les détails dont l'artillerie est susceptible.

Vous verrez, Monseigneur, par l'état ci-joint, No. 4, le lieu où sont les pièces de canon, et par celui No. 5, leur destination par batterie et le nombre qu'il seroit nécessaire d'envoyer de France pour les garnir.

Vu VAUDREUIL.

M. LE CHEVALIER LE MERCIER

A Québec, le 20 8bre 1755.

Monseigneur,

J'ai l'honneur de vous rendre compte, qu'étant sur le point de partir de Montréal pour le siège de Chouaguen, je parlai à M. l'intendant à l'occasion de ce que le roi accorde en France pour mettre chaque pièce de canon en batterie, ainsi que pour la subsistance des dites pièces pendant le siège.

M. Bigot, Monseigneur, n'a rien voulu régler à cette occasion sans en avoir reçu vos ordres ; j'ai l'honneur de vous supplier de la part des officiers d'artillerie de la colonie de vouloir bien leur être favorable dans votre décision.

J'aurai l'honneur de vous observer, Monseigneur, qu'il n'est point de corps en Canada qui ait servi avec plus de distinction, et qui soit plus régulièrement employé dans toutes les campagnes. Le petit nombre d'officiers les rend continuellement de service, et ils ont les fatigues sans pouvoir participer aux grâces du roi, puisqu'ils se trouvent, par leur utilité, privés de pouvoir aspirer aux postes qui sont la ressource des officiers ; ils sont obligés à plus de dépenses que les autres, étant contraints de résider dans les villes, lorsqu'ils ne sont pas dans les partis, et cependant leurs appointements, à l'exception de l'enseigne, sont les mêmes que ceux des officiers des autres compagnies ; à la vérité le commandant d'artillerie jouit de quelques petits émoluments attachés à l'emploi, qui sont si peu de chose, qu'il ne pourroit vivre si son industrie et les secours qu'il tire de sa famille, ne lui fournissoient des ressources. Permettez-moi, Monseigneur, de vous observer que le roi y gagneroit à leur faire un état qui les mît à même de n'être uniquement occupés de leur service, la moindre négligence de leur part entraînant des dépenses bien plus considérables que celles des augmentations d'appointements ou gratifications qu'il vous plairoit de leur accorder.

J'espère, Monseigneur, que vous voudrez bien avoir égard aux demandes que j'ai l'honneur de vous faire pour les officiers de la compagnie, d'autant que je suis persuadé que MM. de Vaudreuil et Bigot vous rendront des témoignages qui leur seront avantageux.

Je me flatte aussi, Monseigneur, que vous regarderez ce corps avec complaisance et que vous lui accorderez votre protection.

M. LE CHEVALIER LE MERCIER

A Québec, le 20 octobre 1755.

Monseigneur,

J'ai l'honneur de vous adresser, ci-joint, l'état de l'artillerie envoyée cette année au fort Frontenac, tant pour l'entreprise qui avoit été projetée que pour l'armement des barques du lac Ontario.

On avoit, Monseigneur, précédemment fait passer six canons de douze livres de balles, ce qui composoit trente pièces de canons destinés pour le siège.

Vous verrez, Monseigneur, d'un coup d'œil, tout ce qui était destiné pour cette entreprise, il vous sera aisé d'apercevoir les difficultés que nous aurions eues à vaincre pour les transports, n'ayant aucuns chevaux pour mener les pièces en batterie ainsi que les munitions; malgré cela je m'étois personnellement chargé de toutes les opérations, et j'espérois surmonter les obstacles.

J'aurai cependant l'honneur de vous observer, Monseigneur, que si cette entreprise a lieu le printemps prochain, que toutes nos pièces seront sur affûts de campagne; le service en étant bien plus facile pour les sièges; je ferai également en sorte de faire passer des chevaux, pour moins fatiguer l'armée, qui aura par elle-même assez de travaux pour construire les lignes de circonvallation, de contrevallation, faire les travaux ordinaires des lignes et des sièges.

Je doute cependant, Monseigneur, qu'à moins qu'il nous vienne des secours de France, que nous puissions faire autre chose que d'être sur la défensive. Nous n'avons aucune connoissance exacte de ce que les Anglois y ont fait tout l'été; il paroîtroit cependant qu'ils ont eu en vue de rendre ce fort respectable par la quantité d'hommes qu'ils ont employés à le retrancher.

Je suis bien persuadé, Monseigneur, que M. de Vaudreuil mettra tout en usage pour avoir une connoissance parfaite de tout; ce sera en conséquence que l'on prendra les arrangements les plus réfléchis et les mesures les plus justes pour le succès de l'entreprise.

Les connoissances que j'ai du local, n'ont pas peu contribué à me faire oser me charger de la conduite de toutes munitions, et il n'est point d'officier d'artillerie accoutumé à servir dans les armées d'Europe, qui n'eût regardé la chose comme presque impossible; l'envie que j'avois, Monseigneur, de pouvoir contribuer au salut de la colonie et à la gloire des armes du roi m'avoit suggéré les expédients dont j'aurois fait usage.

Vous pouvez être persuadé, Monseigneur, que si cette entreprise a lieu, que je ne négligerai rien de tout ce qui dépendra de moi, et que s'il est nécessaire de me rendre cet hiver sur les glaces au fort Frontenac, je l'entreprendrai. M. de Fiedmont, lieutenant de la compagnie des canonniers bombardiers, y est allé pour dresser des états de tout ce qui y est rendu, et de la quantité de chaque chose; ne pouvant pas se flatter qu'il n'y en ait pas eu de perdu, ou de mis hors de service dans les rapides de la rivière de Cataraqui.

A Québec, le 20 octobre 1755.

Monseigneur,

Aussitôt mon retour de l'action passée au lac Saint-Sacrement, le 8e 7bre dernier, j'ai travaillé à prendre toutes les connoissances de l'état actuel de l'artillerie de la colonie; j'en ai dressé les états cottés depuis No. 1 jusqu'à 12.

Je comptois, Monseigneur, les envoyer à M. le marquis de Vaudreuil, pour qu'il pût les examiner, y ajouter ou retrancher ce qu'il estimeroit nécessaire, mais le départ de la frégate du roi, la Fidèle, a déterminé M. Bigot de m'engager à vous les envoyer pour que vous puissiez, Monseigneur, avoir le temps d'ordonner et de faire exécuter les différents articles demandés à l'état No. 12.

J'enverrai, Monseigneur, par le premier courrier qui partira pour Montréal, à M. de Vaudreuil, des copies des dits états, ainsi que des lettres que j'ai l'honneur de vous écrire, pour qu'il puisse examiner le tout, et que les duplicatas vous soient envoyés, visés de ce général, par la frégate du roi, la Sirène.

Je suis bien persuadé qu'il ne trouvera aucun changement à y faire; si cependant cela arrivoit, j'aurai l'honneur de vous en rendre compte et exécuterai en tout les ordres de ce général.

LE CHEVALIER LE MERCIER.

A Québec, le 20 8bre 1755.

Monseigneur,

J'ai l'honneur de vous envoyer, ci-joint, l'état actuel des armes qui sont à la salle de Québec; vous y apercevrez, Monseigneur, le grand nombre qui a été mis hors de service par l'incendie du 7 juin dernier et le mauvais état où elle se trouve présentement; le peu qui en reste dans la colonie, et l'importance dont il est d'en envoyer.

J'espère, Monseigneur, qu'à la fin de l'hiver j'aurai fait rétablir les 1,231 qui sont au radoub, et partie de celles qui sont à remonter, ce qui fera près de 3,000 fusils.

Montréal, Monseigneur, comme vous le verrez aux états de cette place, en est totalement dénué, et je m'attends journellement que M. le marquis de Vaudreuil m'ordonnera d'y en envoyer.

J'ai l'honneur de vous prévenir qu'il y a très peu de fond à faire sur les armes des habitants qui, lorsqu'ils viennent pour le service, se présentent toujours avec des fusils si mauvais qu'on est dans l'obligation de leur en donner.

L'inconvénient, en outre des fusils des Canadiens, est la différence de leurs calibres, de façon que dans les distributions des balles, les trois-quarts sont obligés de les diminuer avec leurs couteaux, opération qui ne peut avoir lieu lorsqu'on est à l'avant de l'ennemi; cependant on est journellement obligé d'y distribuer des balles.

J'aurai également l'honneur de vous observer que jusqu'à présent les Canadiens ont toujours préféré les fusils Tulle de chasse, à cause de leur légèreté ; mais il seroit nécessaire que ces mêmes fusils eussent chacun une baïonnette ; cette arme étant, sans contredit, la meilleure, soit pour défendre un retranchement ou pour le forcer, je ne voudrois pas pour cela qu'on retranchât le casse-tête à cause de son utilité dans les marches pour les campements.

Il n'est point de pays, Monseigneur, où il se consomme autant de fusils que dans cette colonie, par rapport aux sauvages, étant d'usage de les armer chaque fois qu'on les fait marcher ; il n'est pas également possible de remédier à l'abus qui se glisse en changeant leur fusil ; beaucoup d'habitants se servent de ce moyen pour se défaire de ceux qui ne valent rien.

Il est certain, Monseigneur, que si la guerre continue dans cette colonie, on peut s'attendre à une très grande consommation de fusils, et que, si malheureusement on se trouvoit dans l'impossibilité d'en fournir aux sauvages, on les verroit bientôt abandonner les François pour se jeter du côté des Anglois. Cet article et celui de notre poudre, sont ceux qui nous les attachent davantage.

LE CHEVALIER LE MERCIER.

A Québec, le 20 8bre 1755.

Monseigneur,

J'ai l'honneur de vous adresser l'état de l'artillerie de la ville de Montréal, et le projet de ce qui seroit nécessaire pour mettre cette place à l'abri d'un coup de main.

Vous trouverez peut-être, Monseigneur, que je demande beaucoup de canons, mais j'aurai l'honneur de vous observer qu'ils sont absolument nécessaires pour garnir les embrasures de chaque flanc ; l'enceinte n'est pas susceptible de soutenir un siège, et il n'est pas probable que les Anglois puissent l'entreprendre de longtemps.

Il s'agit donc, Monseigneur, de se garantir d'une attaque brusque, et pour cet effet, il faut que chacun des côtés de la place soit également muni. Cette artillerie, d'ailleurs, en imposeroit aux sauvages, et l'on sera à même, au moyen des pièces qui seront montées sur des affûts de campagne, de pouvoir les transporter d'un instant à l'autre aux différents forts que l'on construira dans les paroisses voisines, si les Cinq Nations nous déclaroient la guerre.

Pour ce qui est des mortiers, Monseigneur, ils nous sont absolument nécessaires, d'autant que si nous voulons attaquer les Anglois et les débusquer de leurs retranchements, soit à Chouaguen ou sur le lac Saint-Sacrement, ils sont indispensables. Les obus sont demandés pour la même fin.

Vous apercevrez, Monseigneur, la nécessité d'avoir toujours à Montréal un nombre de fusils en magasin, tant pour la défense que pour en fournir à un détachement qu'on voudroit faire partir sur le champ ; c'est dans cette vue que vous trouverez les petits *tulles* de chasse ; à l'égard des fusils de traite la consommation en sera journalière, tant pour les présents des sauvages, que pour armer ceux des nations qui iront en guerre sur l'Anglois.

On est, Monseigneur, comme vous le savez, dans l'usage de leur donner des fusils chaque fois qu'on les emploie, malgré cela ils se servent de toutes sortes de stratagèmes pour en avoir deux fois. J'ai l'honneur aussi, de vous prévenir, Monseigneur, qu'il est bien de conséquence d'envoyer des cornes pour contenir la poudre de nos miliciens ; mais il serait nécessaire de les faire revoir, pour voir si elles sont bien vides, et si elles contiennent une livre de poudre chacune ;

d'autant que celles qui sont arrivées cette année sont totalement inutiles.

Je donnerai, Monseigneur, tous mes soins pour faire accomplir pendant l'hiver tous les articles de l'état qui ne sont point compris dans celui, cotté No. 12, qui renferme les munitions que nous espérons que vous voudrez bien ordonner qui nous soient envoyées de France.

Je me flatte également, Monseigneur, que vous apercevrez la demande que je fais d'un magasin aux poudres, et d'un bâtiment pour servir d'arsenal, puisqu'ils contribueront à la conservation des munitions de toutes espèces, et qu'il en doit résulter par la suite, de l'économie, sans quoi tout périroit, et au bout de quatre à cinq ans, les dépenses tomberoient à pure perte.

Il n'y a dans cette ville qu'un seul maître canonnier, et des canonniers de milice, lesquels n'ont pu être exercés depuis trois années, par le petit nombre d'officiers d'artillerie, tous étant employés dans les postes de l'Acadie, Belle-Rivière, Saint-Frédéric et fort Frontenac. Il seroit cependant bien nécessaire, Monseigneur, qu'on pût les former ; de leur capacité s'en suit l'économie des munitions, le progrès des entreprises, et ce qui est encore de plus précieux la conservation des sujets du roi.

LE CHEVALIER LE MERCIER.

Joint à la lettre du chevalier Le Mercier, du 20 8bre 1755.

MÉMOIRE SUR L'ARTILLERIE DU CANADA

Les difficultés que les Anglois paroissoient avoir à transporter de l'artillerie pour attaquer les différents postes que nous occupons dans les pays d'en haut, avoient déterminé les ingénieurs de construire des forts en pieux, ou avec de simples enceintes de murailles si foibles par leur épaisseur qu'elles pouvoient plutôt être regardées comme des murs de clôture que pour des pièces de fortification.

Les officiers d'artillerie n'avoient également envoyé dans tous les petits forts, que des pièces de très petit calibre, dans la vue d'épouvanter les sauvages, et garantir ces postes d'une attaque brusque.

Aujourd'hui les objets semblent totalement changés de face, par le genre d'attaque que les Anglois paroissent projeter, ou tout au moins par celui qu'ils peuvent exécuter, soit à la Belle-Rivière, Niagara, fort Frontenac, à Saint-Frédéric, Chambly et même à Montréal, s'ils avoient une campagne heureuse.

On n'ignore pas la différence des forces que l'Anglois peut mettre sur pied dans la Nouvelle-Angleterre, avec celles que l'on peut tirer de la colonie ; leur heureuse position d'Orange ; pour donner également de l'inquiétude à tout ce que nous occupons sur le lac Ontario, et sur le lac Champlain ; la nécessité où nous serions d'avoir, de l'un et de l'autre côté, des armées d'observation pour arrêter l'ennemi ; le grand nombre d'hommes qu'il faudroit pour fournir les vivres et les munitions de ces armées ; l'inquiétude que l'on auroit pour

Québec à la vue d'une escadre dans le bas du fleuve ; la nécessité de travailler à la culture des terres pour fournir à la subsistance annuelle de la colonie ; tous ces différents objets paroissent très difficiles à remplir aux personnes qui ont une connoissance exacte du local.

D'un autre côté la position des limites de la colonie, la valeur canadienne, la bonté des troupes du roi et les dispositions des sauvages, sont autant d'obstacles difficiles à vaincre pour les Anglois, lorsque nous saurons profiter de tous nos avantages ; et je crois qu'il seroit convenable que l'on rendît respectables les forts de Niagara et Frontenac, pour que, avec une bonne garnison, on pût avoir de la tranquillité de ce côté ; que l'on conservât au fort Frontenac une artillerie de campagne qui pût toujours donner de l'inquiétude à Chouaguen ; que également au fort Saint-Frédéric on y eût un bon fort qui exigeât et une armée et une nombreuse artillerie pour en faire le siège ; qu'il y eût un camp retranché à Carillon, et un poste au portage du lac Saint-Sacrement, de façon que mille hommes de ce côté nous ôtassent toute inquiétude.

Il est également nécessaire d'avoir une artillerie de campagne pour défendre le camp retranché, chasser les Anglois du petit portage Saint-Sacrement, s'ils s'en emparoient, et même de les débusquer de dessus le lac.

La ville de Montréal dans la situation où elle est, il seroit nécessaire qu'elle fût garnie de canons pour pouvoir être à l'abri d'une surprise ; cette place devant aussi être l'entrepôt de tous les postes, devroit avoir un bon magasin aux poudres avec un petit arsenal.

Toutes ses plates-formes sont à refaire, et il y manque une très grande quantité de canons comme l'on verra par l'état No. 5.

Pour ce qui est de la ville de Québec, on connoit assez la bonté de sa situation, tant par la rivière que par son heureuse position; mais sa fortification est bien peu de chose par elle-même, et il seroit nécessaire qu'on construisît une bonne batterie à la Pointe Carcy de dix pièces de canon de trente-six, qui pût mettre à couvert la basse-ville.

Les batteries que nous y avons ne sont point flanquées, et il est très facile d'ailleurs de les tourner, de façon que le canon que nous y avons pourroit aisément être soulevé. La basse-ville seroit infailliblement brûlée, et pour lors toutes les batteries de la haute sont si plongeantes et si éloignées qu'elles incommoderoient peu l'ennemi.

Il seroit important pour cette place qu'il y eût quantités de mortiers, rien n'inquiétant davantage les vaisseaux.

Ils sont aussi d'une conséquence infinie pour la défense de nos postes; les batteries de mortiers ne pouvant être éteintes que par les bombes, elles deviennent indispensables pour l'attaque des postes, ainsi que les obusiers.

Comme il n'est pas douteux que dans le cas que les Anglois vinssent à Québec, ils seroient contraints de faire des descentes, lesquelles seroient soutenues par de l'artillerie sur des bateaux plats, par le moyen desquels ils s'éloigneroient et se garantiroient de notre mousqueterie, on sera donc obligé pour s'y opposer, à la première nouvelle que l'on aura qu'ils sont dans le fleuve, d'élever des lignes le long de la grève, depuis le Sault Montmorency jusqu'à la petite rivière ; de placer de distance en distance des redoutes, soit pour les flanquer, soit pour favoriser la retraite à ceux qui les défendront, dans le cas qu'elles soient forcées.

Il sera donc également nécessaire de les soutenir avec des pièces de campagne ; c'est pour remplir ces différents objets qu'on construira à Québec, pendant l'hiver, les outils de toutes espèces qui seront nécessaires pour faciliter un prompt remuement de terre ; que l'on va mettre toutes les batteries en état, faire faire tous les affûts et généralement tout ce que l'on pourra tirer de la colonie même.

Mais il est indispensable d'envoyer de France, les canons, mortiers, obusiers, bombes, boulets, cornes d'amorce à canon, celles pour les miliciens, poudre, fusils, pièces de rechange, pierres à fusils, plomb en saumon et en balles, mèches de guerre, toile pour tentes et pour sacs à terre ; pour ce qui est des autres articles compris dans les états de demandes, ils pourront être exécutés à Québec.

On avoit demandé, l'année dernière, à Monseigneur le Garde des Sceaux, quelques mineurs du régiment Royal-Artillerie ; ils seroient très utiles dans cette colonie, pour en pouvoir former.

Le roi entretient en Canada cinquante canonniers-bombardiers, sur le nombre desquels il a fallu fournir l'Acadie, la Belle-Rivière, le fort Saint-Frédéric, celui de Frontenac, Niagara, et sur les barques du lac Ontario.

Il est également nécessaire qu'il y en ait un certain nombre suivant les armées, surtout lorsqu'on voudra attaquer quelques postes ; il en faut à Québec pour la recette et l'envoi des munitions, pour leurs remuements, pour leur conservation, et pour travailler aux artifices.

Cette compagnie n'est composée que de trois officiers, et depuis sa création ils ont été les uns et les autres employés presque continuellement soit à Beauséjour, à la Belle-Rivière, au fort Saint-Frédéric ou au fort Frontenac, de façon que souvent, il n'y en avoit pas un seul à Québec ; on étoit obligé, cet été, de tirer jusqu'au maître-canonnier de la ville, pour l'entreprise de Chouaguen. Il seroit donc nécessaire qu'il y eût pour l'artillerie de la colonie, un capitaine en pied, un *idem* en second, deux lieutenants, deux enseignes et quatre cadets ; au lieu de cinquante canonniers, qu'il y en eût soixante-dix à quatre-vingts ; de cette façon, les écoles pourroient se faire régulièrement, et il en seroit fourni aux postes qui en sont susceptibles ; au lieu que ne pouvant fournir qu'un seul officier d'artillerie, soit qu'on veuille attaquer ou être sur la défensive, il n'est pas possible qu'il puisse opérer jour et nuit, et dans le cas qu'il seroit tué, ou blessé dangereusement, il est impossible de le remplacer ; et de sa mort s'en suivroit le manque de réussite d'un projet considérable, ou la perte d'un poste important.

Comme il seroit très possible que les Anglois prissent quelques-uns des bâtiments chargés de boulets ou bombes, il seroit nécessaire d'envoyer par les premiers vaisseaux, deux bons mouleurs en poteries pour les forges Saint-Maurice, lesquels pourroient remplacer ce qui manqueroit, et mettroient à même de tirer parti de cet établissement. Cette précaution est d'autant plus nécessaire, que si malheureusement les boulets venoient à être pris, la colonie en seroit dépourvue.

On verra dans chacun des états ci-joints ce qui est nécessaire pour l'artillerie de la colonie, relativement à chaque poste ; mais il ne sera nécessaire que d'avoir égard à celui cotté No. 12, pour ce qui doit être envoyé de France, le reste devant être exécuté dans la colonie.

A Québec, le 15 8bre 1755.

LE CHEVALIER LE MERCIER.

Vu VAUDREUIL.

Joint à la lettre de M. le chevalier Le Mercier du 20 8bre 1755.

INVENTAIRE

des munitions et artillerie qui sont effectives au fort Saint-Frédéric ce jour-d'hui, douze septembre mil sept cent cinquante-cinq, savoir :

2 Canons de 6 } avec leurs affûts, partie des roues à refaire.
17 Idem 4 }
3 Idem 2 }
17 Pierriers avec leurs boîtes.
7 Boîtes de rechange.
20 Bombes de huit pouces.
12 Idem de 12.
428 Grenades.
12 Mortiers de bois pour grenades, hors de service.
1 Idem de fer, bon.

1900 Boulets de 4.
545 Idem de 6.
271 Idem de 8.
30 Tourteaux avec leurs grenades.
33 Balles à feu.
24 Réchauds pour rempart.
2 Fourneaux pour rempart, hors de service.
120 Mèches de guerre.
7 Cornes d'amorces.
29 Garde-feu de 4.
6 Idem de 6.
30 Boutefeux.
26 Pinces de fer.
36 Anspects.
100 Coups de Mitrailles à pompes de boulets d'une ½ h.
26 Ecouvillons et refouloirs de 4.
6 Cuillères et tire-bourres de 4.
3 Idem de 6.
3 Refouloirs et écouvillons 6.
8 Epinglettes.
2 Vrilles à canon.
2 Pieds de chats.
2 Lunettes.
1 Crochet.
1 Idem de passe-balle depuis 1 jusqu'à 6.
29 Clous à échelons.
3 Mesures à poudre de bois de 1, de 2 de 3.
3 Entonnoirs de ferblanc.
2 Coupelles.
4 Carabines rayées.
68 Pistolets.
38 Sabres.
49 Fusils grenadiers avec leurs baïonnettes.
12 Mousquetons complets.
1 Paire de balance de cuivre, levier, à la boulangerie.

49	Barils de 100 lbs...........	4,900	10,450 lbs de poudre.
1	Idem de..................	100	
109	Idem de 50..............	5,450	

130 lbs de balles..............	130	8,755 lbs.
99 Barils de 75..............	7,445	
1 Idem de grosses balles.....	200	
20 Sacs idem de 50..........	1,000	

A Québec, le 20 octobre 1755.

LE CHEVALIER LE MERCIER.

Joint à la lettre de M. le chevalier Le Mercier du 20 8bre 1755.

ÉTAT

de l'artillerie destinée à être envoyée au lac Champlain, savoir :

Noms des Pièces.	*Calibre.*	*Nombre.*
Canons de fer de.........................	12	6
" "	8	8
" "	6	6
" "	4	4
" "	3	4
		28
Affûts de campagne à grand rouage, garnis d'un avant-train pour trois pièces......	12	7
	8	9
	6	7
	4	4
	3	3
		30
Boulets Ronds..........................	12	360
	8	480
	6	360
	4	400
	3	400
		2,000

Les armes complètes pour ces différentes pièces :

Poudre	1,000	
Mitraille à portée	300	coups
Chaînes	4	
Crics	6	
Plates-formes volantes à canon	30	
Caissons	6	
Cordages	4.000	

Les outils proportionnellement à la consommation qui en aura été faite à la construction des camps retranchés de Carillon et du rocher de Saint-Frédéric.

A Québec, le 15 octobre 1755.

LE CHEVALIER LE MERCIER.

Joint à la lettre de M. le chevalier Le Mercier du 20 8bre 1755.

ÉTAT

des différentes choses qui vont être exécutées, pour mettre l'artillerie de la colonie en état, conformément à l'ordre de Monsieur le marquis de Vaudreuil, du dix-huit septembre, mil sept cent cinquante-cinq, savoir :

1° De faire mettre toutes les batteries de Québec en état.

2° De garnir les plates-formes de leurs gîtes et madriers.

3° Faire monter les pièces de canon sur leurs affûts dès le printemps avant la navigation.

4° Compléter toutes les pièces de canon de leurs armes.

5° Faire mener sur les glaces les pièces de canon aux lieux les plus avantageux, tant du côté de la rivière que sur les fortifications de la ville.

6° Préparer les artifices les plus usités tant pour l'attaque des places que pour la défense.

7° Faire conduire de Québec à Montréal, cet automne ou pendant l'hiver, les ustensiles qui seront nécessaires au fort Frontenac pour l'expédition du projet de Chouaguen, s'il continue à avoir lieu.

8° Faire préparer un train d'artillerie de campagne de trente pièces de canon, depuis douze livres de balles jusqu'à une, pour l'expédition du lac Saint-Sacrement, si on a dessein d'en chasser l'Anglois.

9° Faire monter à Montréal, cet automne, six pièces de canon de six livres de balles, pour remplacer celles qui sont destinées pour la barque qui doit naviguer sur le lac Ontario.

10° De faire monter cet automne, en barque par la rivière Sorel, les canons que l'on destinera pour le lac Champlain, afin qu'ils puissent être transportés cet hiver, sur les traînes au fort Saint-Jean.

11° Préparer à Québec les artifices qui seroient nécessaires si on vouloit armer un brûlot.

12° Faire radouber toutes les armes qu'il sera possible, pendant l'hiver, et dans le cas qu'il n'en arrivât pas de France à l'usage des sauvages, d'en faire acheter par Monsieur l'intendant, si la chose est possible, pour en avoir mille ou douze cents le printemps prochain.

13° De dresser des états généraux de tout ce qui est effectif en effets d'artillerie, avec des états de demandes pour être envoyés à la cour, lesquels seront envoyés à Monsieur le général pour y ajouter ou retrancher ce qu'il jugera à propos, pour copie des différents états.

Joint à la lettre de M. le chevalier Le Mercier du 20 8bre 1755.

ÉTAT

des ustensiles d'artillerie qui sont effectives tant dans les magasins du roi de cette ville, que sur les batteries, ce premier octobre mil sept cent cinquante-cinq, savoir :

Noms des Pièces.	*Calibre.*	*Nombre.*
Canons de fonte	4	3
Canons de fer	24	35
	18	25
	12	56
	8	31
	6	23
	4	8
	3	8
		189
Affûts marins	24	35
	18	27
	12	71
	8	54
	6	22
	4	1
	3	6
		216

Noms des Pièces.	*Calibre.*	*Nombre.*
Affûts de campagne à grand rouage	4	5
	3	3
	2	4
		12
Affûts batards, hors de service, de 6.		2
Affûts de place, de 6....................	9	5
Mortier de fonte à tourillon de 12 p 8 lignes de diamètre........................		1
Mortier de fonte pour éprouver les poudres avec son globe......................		1
Affûts de mortier de 12 pouces............		2
Avant-trains..............................		9
Anspects..................		57
Arcs de flèches...........................		1,115
Arbres pour allézer, garnis de leurs rasoirs..		2
Boulets artificiels.......................		75
Boulets brisés de 4......................		2
Boulets ronds........................	36	766
	24	5,980
	18	3,879
	12	1,336
	8	2,176
	6	1,142
	4	6,855
	3	0
		22,134
Boulets ramés........	18	336
	12	327
	8	72
	4	163
		898

Noms des Pièces.	*Calibre.*	*Nombre.*
Bombes	12 pouces	543
	9	383
		926
Boîte de fonte pour pierriers		0
Idem de fer pour idem		4
Idem de fer pour salut		11
Boîtes de fer battu chargées avec leurs dards.		31
Boites de fer pour mortiers à bûche		14
Baguettes de fer pour tuyaux artificiels		11
Idem en bois pour idem		4
Boutefeux		0
Bancs pour battre les fusées		2
Boîte de bois de pin pour étoupille		1
Boyards		2
Balance de ferblanc avec leur fléau, hors de service		1
Bragues		7
Coffres garnis, fermant à clef		2
Chèvre garnie		0
Chaînes de fer pour transporter les canons.		2
Ciseau de fer pour marquer les canons		1
Cuillères à canon en cuivre, garnies ou non garnies de leurs hampes et boîtes	24	5
	18	46
	12	43
	8	29
		123
Câblots pour décharger et charger les pièces de 18 toises de longueur		2
Carcasses chargées		10
Jeu de calibre pour canons de fusils en cuivre		1
Jeu de calibre pour canons		1
Caissons pour mortiers à bombes		37

Noms des Pièces.	*Calibre.*	*Nombre.*
Compas courbe, hors de service............		1
Couteaux de bois pour mortiers............		4
Coupelles de ferblanc....................		2
Caissons couverts de toile, hors de service...		7
Clous de 6 à 7 pouces de long............		50
Charriot à transporter les mortiers garnis de leurs roues ferrées etavant-trains....		1
Carquois de loup-marin..................		958
Cric..................................		1
Curette à mortiers......................		1
Caliornes garnies.......................		3
Crochets pour souder les chambres.........		2
Cornes d'amorces.......................		104
Cornes pour les détachements............		451
Demoiselles pour mortiers................		2
Esses pour affûts.......................		160
Ecumoir...............................		1
Elingues pour canons....................		5
Epissoir de fer.........................		1
Epinglettes............................		5
Aiguillettes...........................		18
Esses pour croupières de canons..........		15
Essieux pour affûts.....................		18
Dards.................................		115
Ecouvillons garnis de leurs refouloirs.....	24	41
	18	26
	12	44
	8	9
		120
Fanal gros............................		1
Ferrures provenant des charrettes d'artillerie.		11

Noms des Pièces.	*Calibre.*	*Nombre.*
Garde-feu	24	76
	18	12
	12	54
	8	33
	6	8
		183
Gargousses de pierre Lemain	24	968
	18	772
	12	100
		1,840
Grattes pour mortiers		3
Grenade		0
Lances de ferblanc pour flèches		40
Lampions		4,000
Lunettes garnies de leurs hampes		3
Lambines pour canon		2
Lignes, Colles		4
Lusin, bottes		24
Mortiers à grenade en fer		2
Mortier avec son pilon		1
Mèches de guerre, barriques		11
Manches de faux sabord		16
Moules pour fusées volantes		2
Machines pour embarquer les canons		3
Moules à serpenteau		3
Idem à saucisson		1
Mesures de ferblanc		6
Idem en bois		6
Marteau		0
Pierriers de fer, hors de service		2
Pétards de fonte		2
Palans garnis		87
Plateaux ou platines de bois		26

Noms des Pièces.	*Calibre.*	*Nombre.*
Platines de plomb de différents calibres.....		14
Pieds de chats..........................		4
Prelarts goudronnés........................		2
Pièces de cordages.........................		11
Idem entamée............................		1
Rabans..................................		6
Poudrière..............................		1
Pènes de fer pour canon................	24	5
	18	11
	12	3
	8	12
	6	8
	4	5
		44
Plateaux pour pétards.....................		4
Pavillon rouge..........................		1
Poulies simples..........................		4
Idem doubles..........................		8
Pointes d'acier pour enclouer les canons....		36
Rouets de fer pour chèvres................		2
Réchauds de rempart......................		14
Réchauds, petits, de rempart.............		80
Idem pour artifices.....................		1
Roues de différents calibres pour affûts marins		108
Rasoirs pour allézoirs....................		8
Rondache, vieux........................		1
Salpêtre..............................		0
Sacs de mitraille en boulets d'une livre.....		147
Sacs idem en cailloux...................		83
Souffre..............................		0
Tiqueballes garnis de leurs roues ferrées, hors de service..................		2
Train..............................		1
Traîneaux..........................		4
Tables pour artifices..................		3
Traînes à billots pour transport............		4

Noms des Pièces.	*Calibre.*	*Nombre.*
Tables simples...........................		3
Tourteaux artificiels.......................		3,000
Trépied de fer............................		1
Petites boîtes de fer pour grenades.........		6
Pierre à fusil		0
Plomb en balles ou saumon..................		0
Tapes pour mortiers de 12pcs ½............		250
Pour idem de 9 pcs ½......................		170
Verges de fer pour les calibres.............		2
Vieux fer.................................		226
Valets de cordage.........................		230
Vieux cordage pour valets, bouts............		30

A Québec, le 15 octobre 1755.

LE CHEVALIER LE MERCIER.

du 25 octobre 1755.

Poudre au roi...............	60,200	62,700 ℔s.
A la Cie des Indes..........	2,500	

ÉTAT

des pièces d'artillerie et munitions de guerre qui sont nécessaires pour la défense de Québec, savoir :

Noms des Pièces.	*Calibre.*	*Nombre.*
Canons de fonte à la Suédoise..............	4	10
Canons de fer de.......................	36	10
	24	16
	18	13
	12	15
	4	13
	3	2
	2	10
		89

Noms des Pièces.	*Calibre.*	*Nombre.*
Boulets ronds de	36	1,234
	24	4,220
	18	3,721
	12	12,864
	8	4,024
	6	3,256
	4	0
	3	3,000
	2	3,000
	1	6,000
		41,319
Affûts marins de	36	12
	24	40
	18	30
	12	30
	4	20
		132
Affûts de campagne à grand rouage, avec leurs avant-trains	12	12
	8	16
	6	16
	4	20
	3	12
	2	12
		88
Affûts de mortiers ou crapauds de fer fondu	12 pcs	8
	8	12
	6	16
		36

Noms des Pièces.	*Calibre.*	*Nombre.*
Anspects		800
Boutefeux		500
Balances de cuivre avec leurs fléaux		6
Boyards		50
Brouettes		300
Bombes	de Cominge	3,000
	12	2,500
	8	2,600
	6	2,400
		10,500
Chapiteaux		260
Chèvres garnies		10
Chaînes de fer pour transporter les canons		6
Caissons couverts de toile pour batteries		12
Capetesles		3,000
Cuillères à canon, garnies de leur hampe et boîtes dont ⅓ ait son tire-bourre	36	12
	24	50
	18	0
	12	40
	8	10
	6	26
	4	36
	3	15
	2	15
		204
Charrettes d'artillerie		10
Crics		6
Caliornes garnies		12
Cornes d'amorces avec leurs épinglettes		280
Cornes pour habitants, contenant une livre de poudre		4,000
Cuirasses et armes complètes		100

Noms des Pièces.	*Calibre.*	*Nombre.*
Ecouvillons garnis de leurs refouloirs et hampes......................	36	12
	24	15
	18	16
	12	34
	8	31
	6	30
	4	30
	3	12
	2	12
		192
Escoupes..............................		2,000
Elingues pour canons......................		10
Feuilles de sauge......................		1,200
Fusils grenadiers à domino, baguettes de fer avec baïonnettes....................		2 000
Fusils, tulle, de chasse avec baïonnettes....		4,000
Fusils de traille ou de chasse pour les sauvages......................		2,000
Fusils de cuivre rouge...................		100
Garde-feu de..........................	36	20
	24	24
	18	64
	12	168
	8	29
	6	36
	4	48
	3	20
	2	20
		429
Grenades de fossé......................		1,000
Grenades à main......................		6,000
Hampes de différents calibres.............		500

Noms des Pièces.	*Calibre.*	*Nombre.*
Heurtoirs pour plate-forme à canon........		200
Haches..................................		1,500
Herminettes.............................		100
Hoyeaux.................................		2,500
Lanternes...............................		24
Idem sourdes............................		12
Louchets................................		800
Madriers de chène pour plate-forme........		50,000
Idem pour plate-forme à mortier..........		1,200
Manches d'outils........................		10,000
Marcs...................................		4
Mèches en barrique......................		10
Mesures à poudre........................		100
Mitraille en sacs.......................		2,000
Mortiers de fonte de....................	Cominge	4
	12 pcs	4
	8	6
	6	6
		20
Mortiers de fer de......................	6 pcs	6
Mortiers avec leurs pitons..............		2
Marmites de fer de différentes grandeurs....		10
Marteaux................................		30
Masses de fer de 25fbs..................		6
Idem de 12 à 15.........................		20
Masses de bois..........................		100
Planes à charron........................		50
Pelles de bois..........................		2,000
Idem ferrées............................		1,000
Pics hoyaux.............................		600
Pics à roc..............................		600
Pierres à fusils pour grenadiers..........		100,000
Pinces à canon..........................		223
Platines pour fusils grenadiers..........		400

Noms des Pièces.		*Calibre.*	*Nombre.*
Pierres assorties pour idem			4,000
Plomb en balles de 18 à la livre			80,000
Plomb en balles de 28 à 30 à la livre			120,000
Plomb en saumon			100,000
Poids à peser			0
Poudre de guerre			200,000
Quarts de foretes			8
Serpes			500
Pour artifices	Salpêtre en baril		800
	Soufre		1,000
	Goudron en tonne		6,000
	Poids ou raisine		1,800
	Cire neuve		500
	huile de lin		1,000
	Idem de pétrole		200
	Idem de térébenthine		
	Vieux ouig		2,500
	Suif		400
Cordage blanc	Cables de chèvre		12
	Cinquenelles		2
	Combleau		10
	Prolonges doubles		15
	Idem simples		20
	Travers		40
	Traits communs		200
	Menus cordages		600
	Ligue du Bau en peu		10
Flasques d'orme pour affûts de campagne de différents calibres			40
Idem pour affûts marins			150
Roues d'affuts de campagne			20
Roues de charrettes			16
Roues d'avant-trains			20
Essieux d'érable			300
Moyeux pour affûts			30

Noms des Pièces.	*Calibre.*	*Nombre.*
Gentes de différentes espèces		600
Rais idem		2,000
Feuilles de parchemin pour gargousses		10,000
Rames de papier à cartouche à canon		200
Rames de papier à cartouche pour les troupes		300

A Québec, le 15 octobre 1755.

LE CHEVALIER LE MERCIER

Joint à la lettre de M. le chevalier Le Mercier du 20 8bre 1755.

ÉTAT

de ce qui est nécessaire pour mettre l'artillerie de Montréal en bon état, savoir :

Noms des Pièces.	*Calibre.*	*Nombre.*
Canons de fer	12	4
	8	8
	6	7
	4	48
		67
Affûts marins garnis de leurs coussins et coins de mire	12	5
	8	9
	6	8
	4	54
		76

20 Affûts de campagne, de différents calibres, garnis de leurs avant-trains.

Noms des Pièces.	*Calibre.*	*Nombre.*
Boulets	12	120
	8	240
	6	210
	4	1,440
		2,010

72 Cuillières à canon, du calibre des pièces, dont un tiers garnies d'un tire-bourre.
72 Ecouvillons garnis de leur refouloir.
82 Boutefeux.
100 Cornes d'amorces garnies de leur épinglette et dégorgeoir.
1,500 Idem pour les miliciens, d'une livre de poudre.
78 Pinces de fer.
320 Anspects de bois dur ou d'érable.
368 Sacs de Mitraille en plomb.
552 Sacs idem en fer.
20 Caissons de batteries pour les poudres.
2 Triqueballes.
4 Caissons pour voiturer les poudres.
2,000 Grenades de fer.
2,500 Fusées pour idem.
168 Gros boucaniers, à raison de 6 par flanc.
1,200 Fusils grenadiers garnis de leurs baïonnettes.
1,000 Idem, petit Tulle de chasse.
1,000 Fusils de traille.
6 Chèvres, garnies de leurs poulies
6 Crics.
12 Elingues.
8 Cables de chèvres.
14 Chevrettes.
50 Brouettes.
50 Boyards.
50 Masses de bois.
4 Masses de fer de 30 lbs.
10 Idem de 10 lbs.

600 Grosses haches.
1,000 Pioches.
600 Pelles de fer ou escopes.
12 Marteaux d'artillerie.
12 Grosses paires de tenailles.
500 Garpes.
12 Scies de travers.
20 Seaux.
50 Herminettes.
50 Tarières de différentes grosseurs.
28 Préchauds à descendre dans le fossé, garnis de leur chaîne de fer.
300 Tourteaux pour idem.
1 Mortier de fonte pour éprouver les poudres.
300 Fanaux clairs et sourds.
24 Mesures de ferblanc pour la poudre.
4 Grandes chaudières de fer avec leurs trépieds.
4 Idem moyennes.
200 lbs Salpêtre.
300 lbs de pois noirs.
300 lbs de résine.
300 L. huile de lin pour artifices et peindre les affûts.
300 L. de vieux vin.
2 Mortiers de fer à piler les compositions, avec leurs pilons en bois et en fer.
2 Egrégoirs.
2 Cribles.
2 Tamis de soie.
2 Idem de crin.
4 Fléaux de fer garnis de leurs plateaux, des poids de fer et plomb.
6 Paires de balances avec un marc chacun de 4 l.
4 Mortiers de fonte de 12 pcs. de calibre à Chambrey poire, contenant 5 ½ de poudre.
8 Mortiers de fonte de 8 pcs. 3 l. de diamètre à chambre cylindre, contenant 1 l. ½ de poudre.
6 Obus de fonte.. { 12 pcs.... 2,000 / 8 pcs.... 3,000 } bombes.

5 Crapauds de fer pour mortiers de 12 pouces.
1 Magasin aux poudres
1 Bâtiment dont les caves puissent contenir les affûts, bois de remontage, et dont les hauts seroient pour salle d'armes et Sainte-Barbe.

A Québec, le 15 octobre 1755.

LE CHEVALIER LE MERCIER.

Joint à la lettre de M. le chevalier Le Mercier du 20 8bre 1755.

ÉTAT

des munitions et ustensiles d'artillerie qui ont été envoyés cette année au fort Frontenac pour les expéditions projetées sur le lac Ontario, savoir :

2 Affûts marins de 12
8 Idem de 8.
18 Idem de 6.
6 Idem de 1.
1 Affût des pierriers.
6 Idem de campagne.
46 Boutefeux
2 Baguettes de fer avec racloirs et tire-bourres.
153 Bombes de 6 pouces.
1 Quart de balles à feu.
10 *Bragues.*
1 Boîte à forest.
2 Broches carrées.
4 Burins.
3,002 Boulets de 12.
4,700 Idem de 8.
2,136 Idem de 1.
2 436 Idem de 2.
4,480 Idem de 6.
120 Idem de 4.
2,322 Idem de 3.

1,500 L. vieux cordages pour valets.
1 Chèvre.
2 Coulevrines de fonte de 2 L. de balles.
4 Canons de fer de 2.
18 Canons et pierriers de fer de 1 L.
4 Pierriers de fonte avec leurs boîtes.
6 Canons de fer de 8
16 Idem de 6.
8 Idem de 3.
2 Idem de 4.
2 Caliornes.
4,652 L. de cordage pour l'artillerie.
23 Cuillères et tire-bourres.
1 Cric.
46 Cornes d'amorces.
10 Coussins.
20 Coins de mire.
7 Coupelles.
2 Epingoles.
22 Epinglettes.
34 Ecouvillons et refouloirs.
1 Elingue.
1 Epissoir.
7 Entonnoirs de ferblanc.
342 Fusils grenadiers.
9 Fusils de marine.
14 Fanaux.
2,675 Gargousses de parchemin.
5 Quarts de gargousses de papier.
1,500 Grenades.
102 Garde-feu.
70 Herminettes.
5 Haches à doler.
1,013 Grosses haches.
66 Paquets de limes.
178 Limes.
20 Pièces de quaranteniers.
98 Langues de fer.
3 Mèches pour percer les fusils.
14 Meules à moudre.

13 Masses de fer.
747 L. de mèches.
3 Mortiers à bombes.
44 Mesures de ferblanc.
34 Monte-ressorts.
1,195 Pioches.
675 Pelles de fer.
10 Plateaux.
7 Rames papier à gargousse
2 Poinçons.
4 Pousse-goupilles.
50 Peaux d'agneaux.
838 Pics de fer.
42 Pinces.
75 Planes.
13,500 Pierres à fusil.
9,400 L. de balles.
30,000 L. poudre de guerre.
361 Pelles de bois ferrées.
243 Pics hoyaux.
20 Pilons.
1 Pétard de fonte.
12 Rouets de gayets.
20 Scies de long.
30 Scies de travers.
1 Soufflet de forge.
96 Sapes.
36 Serres pour scies de long.
57 Tarières.
1 Tamis de soie.
1 Idem de crin.
250 Tournevis.

A Québec, le 15 8bre 1755.

LE CHEVALIER LE MERCIER.

Joint à la lettre de M. le chevalier Le Mercier du 20 8bre 1755.

Artillerie de Québec, 1755.
No. 3.

État des différentes armes à feu qui sont effectives à Québec, ce huit octobre mil sept cent cinquante-cinq, savoir :

Nombre des armes.	FUSILS DE DIFFÉRENTES ESPÈCES.	FUSILS en état.	FUSILS à radouber.	FUSILS à remonte.
548	Fusils grenadiers à domino, baguette de fer avec baïonnettes	548	....	....
499	Idem sans baïonnette	85	314	100
279	Grenadiers domino baguette et bois sans baïonnette	....	195	84
178	Tulle grenadiers à bayonnette	178	....	....
277	Idem sans baïonnette	72	47	158
155	Grenadiers, garniture jaune, baïonnettes	28	70	57
55	Fusils de chasse	30	....	25
13	Fusils de chasse, Tulle	13	....	....
298	Grands boucaniers	64	179	55
63	Demi-boucaniers	....	63	....
168	Gros fusils de marine	....	168	....

ÉTAT des différentes armes à feu qui sont effectives à Québec, etc. — *(Suite.)*

Nombre des armes.	FUSILS DE DIFFÉRENTES ESPÈCES	FUSILS en état.	FUSILS à radouber.	FUSILS à remonter.
473				
26	Fusils de marine, ordinaire	....	149	324
6	Epingoles	....	26	....
33	Carabines	....	6	....
	Mousquetons	....	14	19
3071				
	Total des fusils	1,018	1,231	822
	Pistolets	....	448	....
	Canons de fusils grenadiers Tulle	46	....	....
	Idem à domino	13	....	....
	Idem de différents calibres	50	....	....
	Hors de service	150	....	....

A Québec, le 20 8bre 1755.

LE CHEVALIER LE MERCIER.

Joint à la lettre de M. le chevalier Le Mercier du 20 8bre 1755.

Artillerie de Québec, 1755.
No. 4.

ÉTAT des différentes pièces de canon qui sont aujourd'hui, premier octobre mil sept cent cinquante-cinq, effectives à Québec, dans les différentes batteries, savoir :

LIEUX OU SONT LES PIÈCES.	LES HUIT DIFFÉRENTS CALIBRES.							
	24	18	12	8	6	4	3	2
A la batterie de la Reine	......	4	......	......	......	......	......	......
Batterie Dauphine	......	2	2	......	......	......	......	......
Batterie Saint-Louis	......	4	13	1	4	3	......	......
La Butte	......	......	......	......	5	1	......	......
Sur le quai du Palais	......	......	4	4	2	3	8	......
Dans la cour du Château Saint-Louis, en fonte	......	......	......	......	......	3	......	......
Sur les remparts du fleuve	27	8	7	12	3	......	......	......
Batterie Royale	2	1	......	......	7	......	......	......
Quai de la Construction	6	6	30	14	2	......	......	......
A la porte Saint-Louis	......	......	......	......	......	1	......	......
	35	25	56	31	23	11	8	......

A Québec, le 20 octobre 1755.

LE CHEVALIER LE MERCIER.

Joint à la lettre de M. le chevalier Le Mercier du 20 8bre 1755.

Artillerie de Québec. Projet 1755. No. 5.

ÉTAT des pièces de canon qui sont nécessaires pour la défense de Québec, tant du côté du fleuve que du côté de la terre, savoir :

Nombre des pièces.	—	LES NEUF DIFFÉRENTS CALIBRES.								
		36	24	18	12	8	6	4	3	2
10	A la batterie à Carcy	10	....	....	....	....	....	....	....	....
10	A la batterie Royale	....	4	2	4	....	....	....	....	....
4	A la batterie de la Reine	....	....	4	....	....	....	....	....	....
21	A la batterie Dauphine	....	8	4	9	....	....	....	....	....
9	A la batterie Saint-Louis	....	....	....	9	....	....	....	....	....
56	Sur les Remparts	....	23	14	13	6	....	....	....	....
13	Sur le quai du Palais	....	....	....	....	13	....	....	....	....
24	Pour les descentes et pour campagne	....	....	....	....	....	12	12	....	...
120	Pour la défense des fortifications du côté de terre	....	16	14	36	12	10	12	10	10
267		10	51	38	71	31	22	24	10	10
	Total des pièces nécessaires rendues à Québec	....	35	25	56	31	23	11	8	....
79	A envoyer de France	10	16	13	15	0	....	13	2	10

Il paroît dans l'état des canons rendus à Québec qu'il y a une pièce de 8 de plus que dans le projet; on la comprendra dans celles qui seront destinées pour le lac Champlain; on observera aussi que l'on sera obligé de prendre à Québec les pièces que M. le marquis de Vaudreuil a ordonné d'y envoyer cet automne.

A Québec, le 20 octobre 1755.

LE CHEVALIER LE MERCIER.

Joint à la lettre de M. le chevalier Le Mercier du 20 8bre 1755.

ÉTAT

des munitions et ustensiles d'artillerie qui se sont trouvés effectifs à Montréal, le onze octobre mil sept cent cinquante-cinq, savoir :

2	Canons de 12	34 pièces de canon.
10	Idem de 8	
12	Idem de 4	
1	Idem de 3	
9	Idem de 6	

34 Affûts.
1,000 Boulets de différents calibres.
24 Boutefeux.
1 Jeu de calibre pour canon.
25 Clous d'acier.
1 Compas courbe.
24 Cornes d'amorce.
2 Caissons à poudre.
12 Cuillères à canon.
100 Fusées à bombes.
172 Fusils à réparer.
2,450 Gargousses de parchemin.
450 Mèches.
12 Ecouvillons.
4 Mortiers à grenades.

60,675 L. de balles et plomb.
27,800 L. de plomb en saumon.
58,700 L. de poudre au roi.
25,600 L. de poudre à la compagnie.
66 Roues d'affûts.
2,500 L. de salpêtre.
300 Tourteaux.
300 Tuyaux de grenades.
200 Idem à bombes.
7 Moules à balles, en cuivre
13 Moules à balles, en fer.
21 Coupebattes.
2 Pieds de chats.
2 Limolles pour canon.
2 Chaudières de fer.
1 Trépied de fer.
1 Paire de balances.
8 Baguettes à fusées.
1 Chemise soufrée.
256 Cornes à poudre.
4 Crics.
36 Feuilles de cuivre.
1 Chèvre.
9 Monte-ressorts.
1 Moule à fusées.
55,500 Pierres à fusil.
2 Pinces de fer.
24 Pistolets.
400 Platines de fusil.
1 Quartier pour pointer les mortiers.
4,830 Sacs à terre.
50 Tournevis.
1 Tamis de soie.
1 Tamis de crin.
1 Crochet de fer.

A Québec, le 20 octobre 1755.

LE CHEVALIER LE MERCIER.

LE CHEVALIER LE MERCIER

A Québec, ce 10 9bre 1755.

Monseigneur,

J'ai eu l'honneur de vous adresser par la frégate du roi, La Fidèle, les états concernant l'artillerie de la colonie, et par la Sirène, les duplicatas, visés de M. le marquis de Vaudreuil, qui les a approuvés, ainsi que les lettres que j'ai eu l'honneur de vous écrire.

J'ai été assez heureux, Monseigneur, pour mériter les suffrages de ce général dans les différents détails dont j'ai été chargé depuis qu'il est dans cette colonie ; et pour me donner des preuves de la satisfaction qu'il en a, il vous demandera pour moi une croix de Saint-Louis.

Vous avez eu la bonté, Monseigneur, de m'accorder des applaudissements à mon départ de Versailles, et les assurances de me faire ressentir les effets de votre protection.

Je crois être fondé dans ma demande puisque j'étais officier en France, en 1734, que depuis ce temps je n'ai discontinué de servir, et que j'ai été assez heureux dans cette colonie pour me trouver dans presque toutes les actions importantes, que non seulement je me suis acquitté de mon métier, mais encore que j'ai été chargé des détails de tous les genres.

M. le baron de Dieskau m'avoit donné un ordre pour faire les fonctions de maréchal général des logis de son armée, et j'ai été assez heureux après l'action du 8 septembre, pour conserver au roi dix de ses sujets, quoique j'eusse tombé dans une embuscade de 70 hommes environ.

Toutes ces choses, Monseigneur, me font espérer que vous m'accorderez cette grâce.

M. de Vaudreuil vous a demandé, Monseigneur, une augmentation d'officiers d'artillerie et de canonniers, je ne doute pas que vous en envisagerez la nécessité pour cette colonie, par la multiplication des postes que nous occupons.

M. L'ABBÉ DE L'ISLE-DIEU

A Paris, ce 4 janvier 1755.

Monseigneur,

Si j'avois cru pouvoir, dans ces jours-ci, me procurer l'honneur de vous faire ma révérence, et de vous offrir en même temps, et de vive voix, les vœux de la nouvelle année, j'aurois, malgré la dureté de la saison, et ma mauvaise santé, entrepris le voyage de Versailles ; mais j'ai craint de le faire inutilement par la difficulté de trouver dans un seul jour, la facilité de me présenter chez vous, Monseigneur.

Permettez du moins que j'y supplée par lettre en vous y renouvelant les assurances de mon attachement, de mon respect et des vœux que je ne cesserai de former pour votre conservation, précieuse à nos colonies, si en leur donnant vos soins et votre temps, vous voulez bien les honorer et les soutenir de votre puissante et respectable protection.

J'ai pris la liberté de vous adresser mon extrait sur la Louisiane, si, pendant que M. le marquis de Vaudreuil est encore en France, vous voulez le consulter sur les articles que j'ai eu l'honneur de vous proposer avant que de rien décider.

Je n'ai point encore reçu toutes mes lettres de Québec, de l'Isle Royale et de l'Acadie, à en juger par ce qui m'en est annoncé dans celles que j'ai reçues, et qui me sont parvenues par la poste. S'il m'en avoit été adressé quelques-unes dans les paquets de la Cour, je vous demande en grâce, Monseigneur, d'ordonner qu'elles me soient renvoyées.

Sur le bruit, qui court à Paris, d'un armement pour Louisbourg et pour l'Acadie, j'ai relié, avec attention, un tableau général de ces deux parties de la Nouvelle-France en Canada, que j'eus l'honneur de présenter à M. Rouillé, au commencement de 1753, avec un mémoire sur la nécessité de la fixation des limites entre la France et l'Angleterre, ensemble un plan de cantonnement qui tendoit à concilier les intérêts des deux couronnes, et à décider la question des limites au possessoire, dès que, d'après l'ouvrage de MM. les commissaires et sur les titres, elle n'avoit pu être décidée au pétitoire.

Ces trois petits ouvrages parurent faire plaisir dans ce temps-là, à M. Rouillé ; s'il vous convenoit, Monseigneur, d'en prendre lecture et d'examiner l'usage qu'on en pourroit faire au profit de la France, et contre les prétentions vagues et sans fondement et sans bornes de l'Angleterre, j'aurois l'honneur de vous envoyer mes originaux, supposé qu'il n'en soit pas resté de copie dans les bureaux, sous la condition cependant, (s'il m'est permis d'en faire avec vous, Monseigneur), qu'ils me seront renvoyés, ayant gardé soigneusement depuis 24 ans, tous les extraits de tout ce qui m'est venu des colonies, et les différentes observations ou mémoires, que j'ai cru devoir présenter à la Cour à ce sujet.

Joint à la lettre de M. l'abbé de l'Isle-Dieu, du 7 mars 1755.

A MONSEIGNEUR LE GARDE DES SCEAUX, MINISTRE, SECRÉTAIRE D'ÉTAT DE LA MARINE

Monseigneur,

L'objet de ce mémoire paroît d'autant plus digne de votre attention, qu'il s'agit de l'entière exécution d'un projet approuvé par la Cour en 1753, et pour lequel M. Rouillé avoit cru devoir accorder 50,000 livres qui devoient être remises au trésor de Québec ou à celui de Louisbourg.

Ce projet consistoit dans la construction d'un aboiteau (ce qu'on appelle en France levée, digue ou chaussée), pour procurer le desséchement des terres nouvellement habitées. Sur les rivières du fort de Beauséjour, où (suivant le dénombrement qui en a été envoyé cette année) nous avons le produit effectif de 2,897 habitants, tant en hommes que femmes, garçons et filles ; du nombre desquels s'en trouvent 746 portant les armes, dans le cas de guerre.

Non seulement M. Rouillé fit alors examiner le projet qui lui fut présenté à ce sujet, la dépense qu'il occasionneroit dans son exécution et l'utilité qui en résulteroit, mais ce ministre fit écrire à Louisbourg et y fit prendre tous les éclaircissements nécessaires, pour s'assurer de la vérité des faits, de la possibilité de l'exécution du projet proposé, de la solidité de l'ouvrage, et surtout des avantages qui en résulteroient, non seulement pour les terres qui se trouveroient directement sous l'aboiteau, mais pour toutes les rivières voisines, et en général pour toute la colonie, par les productions abondantes qu'on en retireroit.

En conséquence et en réponse aux éclaircissements demandés, l'ingénieur préposé pour l'exécution de l'aboiteau dressa le plan et la description de l'ouvrage à faire.... ensemble le devis estimatif de ce qu'il en coûteroit pour l'exécuter, et dans lequel il fit entrer toutes les espèces de matériaux, leur approchement et jusqu'à la dépense de la main-d'œuvre.

Les dits plans, descriptions et devis estimatifs ont été envoyés au ministre, et il en est resté une copie assez exacte à l'abbé de L'Isle-Dieu, qu'il aura l'honneur de remettre sous vos yeux, Monseigneur, si vous le jugez à propos.

On voit par ce plan et devis estimatif que la dépense de cet aboiteau devoit monter à 85,120 livres au lieu de 50,000 livres qui avoient été demandées et accordées par la Cour, ce qui faisoit une différence de 35,120 livres en sus de la somme demandée, et ce qui auroit dû empêcher M. Le Loutre, missionnaire et auteur du projet de l'aboiteau proposé, d'en poursuivre l'exécution ; mais son zèle et son intelligence soutenus de la confiance de ses habitants, lui firent bientôt imaginer un remède à l'obstacle qui auroit dû l'arrêter, et un supplément au vide de la somme qui lui manquoit (tant il est vrai qu'il y a des hommes à qui les obstacles irritent le courage et ne le rebutent pas).

M. Le Loutre assembla les habitants de toutes ces rivières et des différents établissements qui sont sous le fort de Beauséjour, il les assura de la protection du roi, leur fit voir les efforts de dépense que Sa Majesté faisoit pour eux, l'obligation où ils étoient d'y concourir et d'y contribuer ; et le résultat de la délibération des habitants, par lui convoqués et députés à ce sujet, fût que les dits habitants, tous en corps et solidairement les uns pour les autres, se chargeroient de contribuer jusqu'à la concurrence de 38,150 livres, tant en fournitures de matériaux de toute espèce qu'en contribution, main-d'œuvre, ce qui réduisit à l'instant et à la décharge de l'État et du roi, le montant du devis estimatif de (85,120 livres, à quoi il avoit été porté par l'ingénieur) à la somme de 46,970 livres, plus foible de 3,030 livres que celle qui avoit été promise par le roi, d'où il résultoit que M. Le Loutre se trouvoit alors vis-à-vis de l'étoffe qu'il avoit demandée pour la construction de son aboiteau et de 3,030 livres de plus ; aussi ne pensa-t-il (sûr qu'il étoit de l'approbation et des ordres du ministre), qu'à presser la fourniture du contingent de ses habitants, qui dans le courant des trois derniers mois de 1753 firent l'approchement de de toutes les espèces de matériaux énoncés dans leur délibération.

Les choses dans cet état, M. Le Loutre se rendit à sa mission, sous le fort de Beauséjour, et ne songea plus qu'à s'assurer d'un nombre suffisant d'ouvriers, tant du côté des Mines que de celui des habitants, qui étoient sur ces rivières, à l'effet de pouvoir commencer son opération aux premiers jours du printemps de 1754, comptant d'ailleurs pouvoir tirer sur le trésor de Québec ou sur celui de Louisbourg, les 50,000 livres qui lui avoient été promises par la Cour ; mais son embarras fut plus grand que tout ce qu'on peut imaginer, lorsqu'il apprit que les fonds n'étoient faits ni du côté de Québec ni de celui de Louisbourg.... Il est inutile de parler ici des différentes contradictions qu'il éprouva d'ailleurs ; rien ne le rebuta.... Les avances étoient faites, les avantages qui devoient résulter de son opération l'encouragèrent.... L'estime et l'approbation des puissances des deux gouvernements de Québec et de Louisbourg le soutinrent. Le zèle et l'amour du bien public lui tinrent lieu de finances (du moins pour la plus grande partie).

Dans cette position, M. Le Loutre qui connoissoit depuis longtemps les vues et le zèle de M. Prévost, pour le bien, le progrès et l'accroissement de nos colonies, surtout de celle de l'Isle Royale, où il est intendant et commissaire-ordonnateur pour le roi, se replia vers ce bon et fidèle citoyen, et lui emprunta, sur son billet, 3,000 livres en lettres de change, dont il se servit pour acheter du castor, qu'il échangea avec un marchand anglois du fort de Nécaragua, pour de la farine, du lard et du saindoux, qu'il eût à assez bon compte, puisque la farine ne lui revenoit qu'à 11 livres 10 sous le quintal, le lard à 27 livres et le saindoux à 29, et que d'ailleurs l'anglois lui donnoit 5 livres du castor, quoiqu'il ne lui coûta que 3 livres 10 sous.

C'est avec cette provision de munitions de bouche que M. Le Loutre a commencé son opération, jointe à 50 quarts de lard, à quelques cordages et grapins que M. Prévost lui fit délivrer des magasins de Louisbourg.

M. Le Loutre observe à ce sujet, qu'il se voyoit à la vérité un petit commencement de vivres pour les ouvriers qu'il faisoit venir des Mines (car pour ceux qui étoient pris parmi les habitants, ils étoient réputés rationnés par le roi), mais que comme il lui falloit payer les journées des ouvriers de l'Acadie angloise, il fut obligé d'emprunter encore 1,000 livres sur ses billets, à différents particuliers, pour lesquels, aussi bien que pour les 3,000 livres à lui prêtées par M. Prévost; le même M. Prévost lui a accordé très gracieusement, dit-il, des lettres de change sur le trésor royal, et ce, en déduction des 50,000 livres à lui promises par la Cour pour la confection de son aboiteau.

Quant à l'excédant des dites 50,000 livres, montant à 46,000 livres, il a été fourni par les puissances de Québec, non en argent, mais en marchandises, prises dans les magasins de Beauséjour et de la Baie Verte, et à lui délivrées sur ses billets, et sur les ordres de M. le général Duquesne et de M. Bigot, intendant général.

C'est avec la dernière ressource dont on vient de parler que M. Le Loutre a mis son aboiteau dans l'état où il est actuellement ; mais ce n'a pas été sans perte sur l'échange des marchandises à lui fournies, et qu'il a fallu convertir, soit en argent soit en denrées ou autres choses appropriées aux besoins des ouvriers de l'aboiteau (ces marchandises d'ailleurs étoient de mauvais aloi et de très mauvaise qualité, puisqu'elles n'étoient que des restes de magasins, en sorte que M. Le Loutre assure qu'il auroit plus fait avec 30,000 livres d'argent qu'avec les 46,000 livres de marchandises à lui fournies des magasins, d'où il résulte (suivant qu'il l'affirme par ses lettres) une perte pour lui, et au détriment de son opération, de plus d'un tiers.

L'inconvénient dont se plaint ici M. Le Loutre, et qui n'est aucunement venu de son fait, ne l'a pas empêché de pousser son aboiteau et de le porter au point de perfection et de solidité où il est pour ce qui en est fait.... Il assure qu'il est à plus de moitié et à près des deux-tiers construit, de la manière la plus solide et à l'épreuve des plus grandes forces de la mer, de la plus grande violence des marées, de la rigueur de l'hiver, des grandes eaux de l'automne, des glaces de l'hiver et des inondations du printemps.

On ne s'amusera point ici à répéter ce qui a été dit dans le travail de 1753, de l'utilité de cet aboiteau, et des avantages qu'on en peut retirer pour la colonie et pour toutes celles où il sera nécessaire d'en construire, il suffit d'ajouter ici, qu'à l'exemple, et sur le modèle de celui de M. Le Loutre, il en a déjà été construit, dans le même temps ou à peu près, douze autres, savoir : trois à Chipoudy, huit à Memramcouk et un à la Butte-à-Roger, ce qui prouve la nécessité reconnue et les avantages de ces aboiteaux, pour le dessèchement et la fertilisation des terres de nos colonies.

En partant de ce principe admis et reconnu, M. Le Loutre s'est flatté que vous voudrez bien, Monseigneur, avoir la bonté de lui fournir de quoi finir et parachever son aboiteau, et l'abbé de l'Isle-Dieu s'est chargé, d'autant plus volontiers de vous présenter sa requête à ce sujet, que vous avez bien voulu l'assurer, dans une de vos lettres, que vous ne changeriez rien aux arrangements et aux entreprises de M. Rouillé.

La très humble prière de M. Le Loutre, au sujet de son aboiteau, se réduit à deux choses :

La première de ces deux grâces, Monseigneur, est que vous ayez pour agréable de lui faire encore délivrer 20,000 livres pour achever et perfectionner son aboiteau, ce qui fera 70,000 livres de dépense pour le roi, et pour un ouvrage qui coûtera au moins 150,000 livres... dont le surplus, en sus des 70,000 livres payées par le roi, viendra de l'économie de l'entrepreneur et du contingent de ses habitants.

La seconde, qu'il vous plaise ordonner que le suppliant sera remboursé, soit au trésor de Québec, soit à celui de Louisbourg, des farine, lard et saindoux qu'il a achetés pour la nourriture de ses ouvriers, qu'il a tirés de l'Acadie angloise, sur le mémoire qu'il en présentera, certifié d'ailleurs par M. de Vergor, commandant de Beauséjour.

M. Le Loutre ajoute une troisième demande qui paroît très intéressante, et que l'abbé de L'Isle-Dieu a cru devoir joindre ici.

Il s'agit d'une levée de 4 à 500 toises qui renferme un marais de 30 barriques de semence, et qui est situé le long de la rivière qui nous sépare des Anglois, près l'Isle de la Vallière.... Cette levée a été rompue, il y a quelques années par les Anglois, sous le commandement de M. de Saint-Ours, qui par là a fait inonder nos terres et ruiné nos habitants qui y étoient établis, et auxquels il seroit même dû une indemnité de la part des Anglois.... M. Le Loutre demande à la Cour la permission de faire rétablir cette levée, au nom des habitants qui y sont intéressés et même de toute la colonie, qui continuera ses prières et ses vœux pour votre précieuse conservation, Monseigneur.

(sans signature)

M. L'ABBÉ DE L'ISLE-DIEU.

A Paris, le 12 juillet 1755.

Monseigneur,

Le mémoire ci-inclus m'a été remis par les suppliants y dénommés, sur le prétexte de la correspondance que j'ai avec les différentes colonies de l'Amérique Septentrionale.... Comme je n'en ai aucune avec celles de l'Amérique Méridionale, je l'avois d'abord refusé ; mais sur ce qu'on m'a représenté qu'il étoit de l'intérêt du roi que vous fussiez informé des faits et plaintes qui y sont énoncés, j'ai cru devoir vous l'adresser, pour prendre à ce sujet telles mesures et donner tels ordres que vous jugerez convenables.

Je viens de recevoir un assez grand nombre de lettres de la Louisiane.... Le principal fait dont on m'y parle, et qui m'intéresse personnellement (comme chargé du spirituel), concerne une division ouverte entre les deux ordres de missionnaires qui desservent le bas et le haut de cette colonie (les jésuites et les capucins).

Les seconds paroissent vouloir méconnoître la jurisprudence de M. l'évêque de Québec, parce qu'elle est confiée aux premiers, et point à eux.

Si vous désirez, Monseigneur, être informé de la première origine et de la source de cette discussion, j'aurai l'honneur de vous en rendre compte ; mais je pense qu'il sera nécessaire que vous interposiez votre autorité, et que pour savoir la vérité de ce fait, et qui a tort ou raison, soit dans le fait, le fond ou la forme, il sera nécessaire que vous adressiez vos ordres à M. le gouverneur, homme des plus judicieux, et qui n'est pas moins touché du bien et du progrès de la religion que du bien du service.

Je compte écrire aux capucins par le premier vaisseau, mais puisqu'ils me forcent à dévoiler les plaintes qui m'en ont été portées et avouées, même en partie par le supérieur dans ses lettres de 1753 et de 1754, je pense qu'ils sont insoutenables dans le fond, dans leurs prétentions et les procédés, peu mesurés, qui en ont résulté.

M. L'ABBÉ DE L'ISLE-DIEU

A Paris, le 19 juillet 1755.

Monseigneur,

Je n'ai oublié, ni le projet que vous aviez de faire passer de nouveaux habitants à la Louisiane pour le poste des Allemands, ni les mesures et précautions que vous étiez dans le dessein de prendre pour que l'Etat et la religion y trouvassent également leur avantage, et si j'ai omis de vous rappeler les dernières, dans ma lettre à ce sujet, ce n'est point un oubli, mais une marque de respect et une preuve de déférence pour vos vues, auxquelles je me conformerai toujours très exactement.

Il n'est pas douteux que l'Etat y trouvera son avantage, puisque ce sera procurer à la colonie de nouveaux colons et cultivateurs.

Il est également vrai que la religion y trouvera le sien, puisque ce sera procurer à ces habitants un moyen de rentrer dans le sein de l'Eglise catholique, et que d'ailleurs c'est s'assurer et se rendre le maître de l'éducation de leurs enfants, en supposant, comme vous me faites l'honneur de me le marquer, Monseigneur, qu'ils les présenteront aux missions pour en recevoir le baptême, et que, lorsqu'ils seront en âge, ils les enverront aux écoles et au catéchisme pour y être instruits dans la foi et la croyance catholique, apostolique et romaine.

Il est pourtant vrai que d'après les conditions qu'ils font, l'inconséquence d'opinions dans lesquelles ils désirent vivre, et de la conduite qu'ils promettent de tenir pour leurs enfants, doit au moins mettre les missionnaires en défiance vis-à-vis d'eux ; mais, sans le leur laisser apercevoir, il y a des gens à qui il faut supposer une partie de la bonne foi qu'on veut leur inspirer, et dont il faut mériter la confiance par celle qu'on leur marque, persuadé que les hommes se mènent beaucoup mieux et plus sûrement par l'insinuation, la douceur et la persuasion, que par l'autorité, surtout en matière de religion, qui se persuade et ne se commande pas, attendu qu'il ne suffit pas de la prêcher à l'esprit par principes, mais de la faire goûter au cœur par sentiment.

Quant aux autres mesures et précautions que vous me marquez dans votre lettre, Monseigneur, je les crois absolument nécessaires, et suis persuadé que MM. les gouverneur et commissaire-ordonnateur y tiendront exactement la main sur les ordres que vous leur en donnerez ; je ne connais pas personnellement le second, mais je suis bien sûr du premier, qui n'est pas moins attentif à l'établissement et au progrès de la religion, qu'au bien du service, et qui a toutes les qualités de l'esprit et du cœur, pour pourvoir et fournir à l'un et à l'autre.

D'ailleurs le poste des Allemands n'est qu'à douze lieues de la Nouvelle-Orléans, en remontant le fleuve, par conséquent sous la main de M. Kerlerec et de M. D'Auberville, qui pourront le veiller de près et pourvoir à ce que les conditions imposées à ces nouveaux habitants soient exactement exécutées et remplies de leur part, si ils veulent se rendre dignes de la protection que vous voulez bien leur accorder, quoique d'une croyance différente de la nôtre, dans l'espérance qu'ils se feront instruire, et que, tôt ou tard, ils se rendront à la persuasion et à la force, non de l'autorité, mais de nos prescriptions contre eux, qui sont bien nos plus fortes armes, et le discrédit et la faiblesse des motifs de leur séparation de notre communion.

Je pense donc, Monseigneur, qu'il n'y a rien à rabattre ni à diminuer des conditions que vous voulez imposer à ces émigrants, et que, puisque vous me permettez de vous dire mon sentiment, il y auroit même encore quelques précautions à ajouter, non, quant au fond, mais à la forme et à la manière de distribuer ces nouveaux habitants dans le poste où vous désirez les faire passer.

1° Suivant que vous me faites l'honneur de me le marquer dans votre lettre, Monseigneur, et que je transcris ici *de verbo ad verbum*.

Qu'ils ne feront aucun exercice extérieur ni *public* de leur religion.

2° Que par conséquent ils ne tiendront ni prêche, ni assemblées particulières ni privées.

3° Qu'ils écouteront les instructions particulières ou *publiques* qu'on leur fera, sans cependant qu'ils puissent être gênés à cet égard, *ni par l'autorité temporelle, ni par les menaces et reproches des missionnaires qui n'emploieront que l'insinuation et la persuasion pour les gagner.*

4° Qu'ils feront baptiser leurs enfants à l'église des *catholiques*, et qu'ils les enverront au catéchisme *et aux écoles publiques*, quand ils seront en âge.

5° Que par conséquent ils les laisseront élever dans la religion catholique, apostolique et romaine.

6° Sous la condition qu'ils seront renvoyés en France pour retourner dans leur pays s'ils contreviennent à quelqu'une de ces conditions.

A l'égard des livres et catéchismes que vous vous proposez de me faire remettre, Monseigneur, je les ferai passer soigneusement dans la colonie, et j'y ajouterai toutes les instructions qui pourront dépendre de moi pour la pleine et entière exécution des ordres que vous donnerez à ce sujet, et que je vous supplierai de me communiquer pour m'y conformer, dans les instructions que je donnerai aux missionnaires, et que je concerterai avec le gouvernement, pour que l'autorité temporelle vienne à l'appui du ministre spirituel. Voici présentement, Monseigneur, les nouvelles précautions que je croirois convenables et devoir être observées pour l'établissement de ces nouveaux habitants.

1° Si on les mêle avec les anciens, je pense qu'il seroit bon que le nombre des premiers fut toujours supérieur à celui des seconds, pour tirer avantage de l'exemple de ceux qui sont déjà affermis, et éviter le danger de la perversion de la part de ceux qui ont une croyance différente de la nôtre.

2° Que si le danger de la perversion paroît plus grand que le bénéfice de l'exemple, et oblige d'établir ces nouveaux habitants séparément, ils accepteront au moins un missionnaire pour la conduite et l'instruction de leurs enfants et même pour eux, si ils veulent bien examiner de bonne foi la validité ou l'insuffisance de leurs préjugés.

3° Enfin, qu'ils n'auront aucune correspondance ni liaison avec les Anglois qui pourroient se trouver dans leur voisinage, *propter periculum perversionis*, non seulement sur ce qui regarde la religion, mais pour la fidélité qu'ils devront à l'Etat et au Roi.... Quant à cette dernière précaution, elle est plus du ressort et de la compétence de l'autorité temporelle que du ministère ecclésiastique et des ministres qui le remplissent, qui peuvent au plus, avertir le gouvernement de ce qui se passeroit, et user de remontrances et de représentations vis-à-vis des délinquants.

Il ne me reste plus à ce sujet, Monseigneur, qu'une seule observation à vous faire sur un germe de division qui se trouve actuellement entre les deux ordres de missionnaires qui sont à la Nouvelle-Orléans, et sur laquelle il sera, je crois, nécessaire d'interposer votre autorité, en la joignant à celle de Monseigneur l'évêque de Québec, après toutefois que pour ne pas vous en rapporter à mon témoignage seul, vous aurez pris la précaution de vous en faire informer par le gouvernement; je crois même qu'il y a ici un capucin à la suite de cette affaire, et qu'il y auroit quelque danger de partialité à vous en laisser prévenir.

Pour ce qui concerne la seconde lettre que j'ai trouvée de vous, Monseigneur, dans le même paquet, je garderai en exécution de vos ordres les 600 livres dont je suis dépositaire, jusqu'au départ des premiers missionnaires qui seront demandés pour l'année prochaine.... Je suis en avance de 150 et quelques livres pour l'envoi de livres de piété et catéchismes que j'ai fait partir cette année pour l'Acadie, et dont j'ai payé en sus de ce que l'on m'avoit donné, pour suppléments, caisses, emballage et port d'ici à La Rochelle, les susdites 150 et quelques livres, dont il ne sera cependant que ce que vous jugerez à propos d'en décider, Monseigneur, n'ayant eu pour m'y déterminer que le simple conseil de M. de La Porte.

Les trois missionnaires destinés pour l'Acadie sont embarqués et partis du 8 de ce mois, à ce qu'on me mande de La Rochelle.... A l'égard des quatre religieuses ursulines destinées pour la Nouvelle-Orléans, j'ignore encore leur sort et le temps de leur départ.

Quant au pouvoir nécessaire pour toucher et donner quittance de la gratification que vous avez eu la bonté de faire accorder à M. l'évêque de Québec, Monseigneur, je suis muni non seulement de ses lettres de vicaire général pour toutes les colonies de son diocèse, mais d'une procuration spéciale pour son temporel, qui est bien court ; et mes quittances sont même reçues à la chambre des comptes pour ce qui regarde les sommes payées aux différentes communautés de son diocèse. Ainsi, Monseigneur, si j'avois su le montant de sa gratification et que j'eusse pu encore lui écrire, il auroit pu, à l'inspection de ma lettre, trouver de l'argent à Québec, en donnant des rescriptions sur moi à vue.

Permettez, Monseigneur, que j'aie l'honneur de vous remercier pour M. l'évêque de Québec, et que je vous supplie en même temps de le faire profiter de la bonne volonté du roi, au sujet de l'abbaye que Sa Majesté a paru désirer que M. l'ancien évêque de Mirepoix lui donnât ; il paroîtra toujours étonnant, à quiconque connoît M. l'évêque de Québec, qu'après quatorze ans de grand vicariat en France, et bientôt quinze d'épiscopat, sans avoir perdu de vue son diocèse, il soit sans un sol de revenu (de bien d'Eglise) et que, comme le disait M. Rouillé de son temps, ce soit, pour ainsi dire, un évêque à gages, et que l'Etat soit obligé de gratifier pour lui aider à subsister.... Je ne sais cependant (et c'est pour vous seul, Monseigneur, que je hasarde cette façon de penser), j'ignore s'il seroit avantageux pour M. l'évêque de Québec que les grâces du roi lui passassent par la main de M. l'ancien évêque de Mirepoix, vu le peu de bonne volonté qu'il lui a marqué jusqu'à présent, et dans la crainte que pressé, et enfin déterminé par l'importunité, il n'allât lui donner un bénéfice de 4 à 5,000 livres de rente qui lui tiennent lieu de tout, et ne suffisent à rien, eu égard aux prodigieuses dépenses que lui occasionnent l'immense étendue et le détail de son diocèse; je sais ce qu'il m'en coûte à moi-même pour la simple correspondance.

M. L'ABBÉ DE L'ISLE-DIEU

A Paris, le 21 juillet 1755.

Monseigneur,

Comme je suis présentement occupé à faire mes réponses pour la colonie de la Louisiane, d'après les apostilles que vous avez eu la bonté de faire mettre en marge de mes extraits sur cette colonie, dès le 7 janvier dernier, et que j'ai lieu de craindre qu'il n'ait pas été donné d'ordre sur les différents objets que vous avez eu la bonté de décider, n'y ayant pas eu de vaisseaux expédiés depuis pour la Nouvelle-Orléans, j'ai cru que vous me permetteriez de vous rappeler les principaux objets sur lesquels il a paru que vous désireriez vous en rapporter aux témoignages de M. le gouverneur et de M. le commissaire-ordonnateur.

Je vous supplie donc, Monseigneur, de vouloir bien vous faire informer par ces messieurs :

1° De ce qui fait le motif de la division des jésuites et des capucins dans la colonie, au préjudice du bien du service et de celui de la religion, à moins que vous n'aimiez mieux vous en rapporter à ce qui m'en a été mandé, et donner vos ordres à ce que les capucins se conforment comme le font les jésuites, aux règlements faits par M. l'évêque de Québec, sur le fait de la juridiction que les capucins refusent de reconnoître dans la main d'un jésuite, nommé grand vicaire pour la Nouvelle-Orléans et le cours du fleuve, en remontant jusqu'à la Mobile... difficulté que ne font pas les jésuites dans le haut de la colonie, et dans tous les postes des Illinois, où M. l'évêque de Québec les a subordonnés à un prêtre séculier, supérieur de la mission des Tamarois ou Kaokias ; je sens bien que tous ces grands vicaires locaux et établis *ad annum et ad nutum*, me sont subordonnés ; mais je ne pense pas qu'il fût prudent ni respectueux de rien changer aux arrangements et règlements de M. l'évêque de Québec, que je suis simplement fait pour maintenir, et auxquels je dois être le premier à me conformer.

2° De ce que sont devenus les ordres envoyés depuis deux ans au sujet des représentations faites à la Cour par les ursulines, sur la lésion qu'elles souffrent dans le service qu'elles rendent à l'hôpital, et la disproportion des charges qu'elles supportent, et de ce que le roi leur donne pour y subvenir.

Elles mandent dans toutes leurs lettres qu'on ne leur a communiqué ni leur mémoire ni les observations de M. Le Normant, ni les ordres de la Cour à ce sujet, et qu'elles sont toujours dans la souffrance des pertes que leur occasionne le marché qu'elles ont fait avec le roi, pour le service de l'hôpital en 1744, surtout depuis que les charges ont triplé et quadruplé vis-à-vis du bénéfice que le roi leur accorde, et qui est toujours le même.... Elles font encore à ce sujet, une nouvelle représentation qui paroît fondée.... Le roi leur donne 3,600 livres pour douze religieuses, ce nombre suffisoit alors vis-à-vis des charges à remplir, elles sont actuellement 17, non compris les 4 que je fais partir cette année, et elles devroient être au moins 24, qui sûrement ne pourroient pas vivre avec 3,600 livres.... Sa Majesté leur accorde 4,500 livres pour 30 orphelines, elles en ont le double à élever, nourrir et entretenir, la disproportion est égale et la lésion manifeste, sauf à vous faire rendre compte, Monseigneur, de la vérité des faits et de l'attention qu'ils méritent.

3° Que ces mêmes ursulines sollicitent depuis longtemps la permission de faire une petite acquisition de treize à quatorze arpents de terre qui tiennent à une petite habitation qu'elles ont, et qui leur sont absolument nécessaires... que vous avez fait mettre en marge de mes extraits, vis-à-vis de cet article, que la dite permission leur étoit accordée et que vous feriez écrire en conséquence, Monseigneur, mais que si cet article est oublié, ces bonnes et saintes filles se trouveront dans le même état où elles sont depuis dix ans qu'il y a qu'elles sollicitent cette permission.

4° Que l'hôpital dont parlent les capucins pour le soulagement des pauvres habitants de la ville peut avoir son utilité, si MM. les gouverneur et commissaire-ordonnateur jugent de la possibilité de l'établir, ou plutôt de le perfectionner, comme de son utilité, dans l'état même où il se trouve actuellement.

5° Enfin, et une dernière observation à faire, c'est que l'on se plaint que l'apothicairerie de l'hôpital des troupes du roi n'est pas suffisamment fournie des remèdes et médicaments proportionnés au nombre des malades qui y sont reçus, et qu'à cette occasion il se présente une nouvelle observation à faire en faveur des malades qui se trouvent éloignés de la capitale et des lieux principaux où il y a des hôpitaux, et par conséquent des secours publics..... Que si on les fait transporter dans les hôpitaux, ... ces mêmes hôpitaux s'en trouvent surchargés, et que d'ailleurs, ils meurent avant que d'y être arrivés et transportés, ce qui fait une perte pour l'Etat et pour la colonie.... Qu'on remédieroit à ces inconvénients en distribuant des remèdes et médicaments aux missionnaires, qui les distribueroient eux-mêmes chacun dans leur poste, en se conformant aux instructions qui leur seroient données selon le genre et l'espèce, des maladies qui surviendroient parmi les habitants.

Voilà, Monseigneur, les principaux objets que j'ai cru devoir vous représenter, surtout apprenant que vous étiez actuellement occupé du travail de la colonie.

Si vous n'avez plus besoin des extraits et différents mémoires que j'ai eu l'honneur de vous présenter sur celles de l'Isle Royale et de l'Acadie, je vous supplie de me les faire renvoyer, les gardant tous, du moins pour mémoire, et comme un journal de chaque année, auquel j'ai recours dans la circonstance, et le besoin pour ma propre instruction et ma sûreté dans les réponses que je fais passer, d'après vos apostilles, aux différentes colonies.

M. L'ABBÉ DE L'ISLE-DIEU

A Paris, le 30 juillet 1755.

Monseigneur,

La consternation dont je me suis senti frappé à la nouvelle de la prise de nos deux vaisseaux et des suites fâcheuses que le public, avide de conjectures, semblait prendre soin d'en annoncer, m'a ôté en même temps et le courage et la liberté de vous en écrire.

Je me flatte cependant, Monseigneur, que vous êtes persuadé de mon zèle pour tout ce qui intéresse votre gloire aussi bien que de mon attachement et de mon zèle pour l'établissement et le progrès de nos chères colonies de l'Amérique Septentrionale, depuis vingt-cinq ans, que j'y consacre, de grand cœur, mes soins et mes peines, pour ce qui concerne la partie dont je me trouve chargé sous vos ordres et muni des pouvoirs de M. l'évêque de Québec.

A entendre le public tout était perdu... la flotte dispersée... Louisbourg bloqué... les Anglois maîtres de la rivière Saint-Jean... Une flotte angloise en panne dans le fleuve Saint-Laurent, et qui nous en disputoit et nous en empêchoit l'entrée, par conséquent de parvenir jusqu'à Québec et d'y porter les secours nécessaires... notre fort de Beauséjour pris et rasé... tous les établissements qui sont sur ces rivières détruits et dispersés... l'Isle Saint-Jean prise et ses nouveaux établissements détruits.... Voilà, Monseigneur, ce qui m'a jeté dans la consternation dont je vous rends compte au commencement de ma lettre, et ce qui m'a ôté jusqu'à la faculté de vous épancher mon cœur et de vous marquer ma douleur.

A qui en veut le public? ou du moins quelques particuliers?.... Quel projet en résulte-t-il pour l'Etat et la patrie? qu'une incertitude qui jette l'alarme et même le découragement dans l'Etat et la nation.

Tout cela se réduit à la prise de deux vaisseaux, dont l'honorable et la ferme résistance a facilité au surplus de notre flotte et de notre armement les moyens de parvenir et de mouiller à Louisbourg.

Si cela est, Monseigneur, notre position est bien différente, nos parages sont en sûreté pour la partie essentielle qui est l'Isle Royale et l'Acadie françoise, qui sont les deux parties où les Anglois ont porté toutes leurs forces.

Nos nouveaux établissements subsistent donc encore sous le fort de Beauséjour, où nous avons sur ces rivières (suivant le dernier dénombrement qui m'en a été envoyé) 2,897 habitants, dont 746 portant les armes, vous le pouvez voir dans nos extraits, Monseigneur, où je vous en ai rendu compte.

Puisque l'Isle Saint-Jean n'est par prise, nous y avons 3,000, 5 à 600 habitants qui commencent à être bien établis et qui ne manquent que d'un fort et d'une garnison suffisante pour protéger et défendre leur île de l'insulte des Anglois.

Ces 3,000, 5 à 600 habitants forment cinq paroisses qui ont chacune un missionnaire pour les desservir et encourager les colons et cultivateurs à se mettre en état de subsister par eux-mêmes.

Il n'est pas douteux que ces nouveaux habitants soient soutenus et animés par le renfort de troupes et de forces qui leur arrivent.

D'ailleurs, le plus grand nombre des sauvages qui nous sont alliés : les Canibas, les Abénakis, les Maréchites, les Micmacs et le plus grand nombre de ceux du continent, à qui ces premiers ont envoyé des colliers et déclarer la guerre à l'Anglois, se trouveront également animés, encouragés et soutenus par les secours que la France leur porte.

Peut-être, Monseigneur, que j'aime à me flatter, mais j'aime encore mieux porter dans ce second excès que dans le premier ; d'ailleurs rien n'est plus dangereux que de jeter l'alarme et l'inquiétude dans le public. Ainsi, pardonnez-moi ma confiance et la bonne opinion que j'ai de nos succès, je les remets de plus sous la protection de Dieu et j'espère qu'il ne nous abandonnera pas.

Je viens de recevoir une lettre de La Rochelle dans le moment et de M. D'Abbadie, qui m'annonce le départ de nos quatre religieuses et d'un jésuite qui les accompagne sur un vaisseau parti le 19, du port de Rochefort pour la Nouvelle-Orléans, ce qui prouve, dans les circonstances présentes, de la part de ces bonnes et saintes filles, la constance de leur courage et la force et la certitude de leur vocation. Dieu veuille leur procurer une heureuse traversée et permettre qu'elles se rendent à leur destination.

Copie d'une lettre écrite à M. l'abbé de l'Isle-Dieu, par M. Le Loutre, prêtre missionnaire de l'Acadie françoise, sous le fort Beauséjour... sous le nom de Joseph Desprez... en date du 22 septembre 1755, de Plymouth :

Monsieur,

J'ai été pris et conduis dans ce port. Comme on ne m'a pas permis d'aller à terre je ne puis vous dire ce que je deviendrai, ni vous dire où je serai, mais je vous prie de me faire tenir de l'argent, j'en manque totalement, et de travailler à procurer ma liberté ; j'espère que vous ferez pour moi toutes les démarches nécessaires, vous verrez M. de Machault et M. de Mirepoix, mon adresse à M. Desprez, pris par la frégate l'Embuscade, et conduit à Plymouth, par le vaisseau du roi, l'Oxford; vous voyez par là qu'il faut s'adresser à un quelqu'un bon négociant qui fasse toutes les démarches pour me trouver.

Je suis, etc.,

J.-L. DESPREZ.

T. S. V. P.

En face, il est écrit :

" Lettre de M. Le Loutre pris et retenu à Plymouth.
" Monseigneur le garde des sceaux est supplié de lire
" la copie de sa lettre, tant à la première page qu'au
" revers, où se trouvent les différentes inscriptions de
" la susdite lettre. "

Au revers :

" L'inscription de la lettre en l'autre part est de Monsieur l'abbé de l'Isle-Dieu, au séminaire des missions étrangères, rue du Bacq, faubourg Saint-Germain, à Paris.

" Au revers de la lettre et du côté du cachet est l'inscription suivante, et d'une écriture différente telle qu'elle est ci-après figurée :

Sous couvt de V. Ths
P. M. P. Simon
à Lond 29e sept."

M. L'ABBÉ DE L'ISLE-DIEU

A Paris, le 4 octobre 1755.

Monseigneur,

J'ai une bien mauvaise nouvelle à vous apprendre, mais j'ai cru ne pouvoir trop tôt vous en informer.

En partant mercredi matin pour la campagne, j'ai eu l'honneur de vous rendre compte de ce qui s'était passé à la prise du fort de Beauséjour, d'après le détail que j'en avais reçu d'un missionnaire aumônier de la garnison.

J'ai trouvé hier au soir, vendredi, à mon retour, une lettre de Plymouth, datée du 22 7bre et signée J.-L. Desprez.

Ce J.-L. Desprez est M. Le Loutre, prêtre et premier missionnaire de l'Acadie françoise sous le fort de Beauséjour, dont j'ai eu l'honneur de vous parler, Monseigneur, dans ma dernière lettre.

J'ai celui de vous adresser copie de la sienne datée de Plymouth, du 22 septembre dernier, avec l'inscription sous laquelle elle m'est adressée, et une seconde inscription au revers de la susdite lettre et du côté du cachet.

Comme ce missionnaire n'est pas connu de vous, Monseigneur, vous pouvez vous en informer à M. de La Porte, et même à M. de Rouilly, l'un et l'autre le connoissent du côté du zèle et de l'intelligence, et savent également l'utilité dont il a été à la colonie depuis près de 20 ans.

Vous verrez par sa lettre, Monseigneur, qu'il a été pris, conduit au port de Plymouth, et qu'il est absolument sans ressources, quoiqu'il soit bien digne des secours et de la protection de la Cour.

J'ai cru devoir commencer par vous en donner avis, Monseigneur, après quoi (et si vos grandes préoccupations ne vous permettoient de m'honorer d'un mot de réponse) je vais mettre tout en œuvre pour procurer quelque secours à ce saint et vertueux missionnaire, qui a également bien mérité de l'Etat et de la religion (quand je devrais emprunter et vendre une partie de mes livres pour faire honneur à mes engagements, à son profit, et pour le soulager dans sa détention et vis-à-vis de la détresse où il se trouve), je vous demande en grâce, Monseigneur, de pourvoir à sa sûreté.

Quant à ses besoins, je vous supplie de me faire informer de ce que vous aurez la bonté de faire en sa faveur, et de m'indiquer vous-même la route que je dois tenir pour lui procurer du pain, quand ce devroit être aux dépens de mes propres et plus pressants besoins, n'en connoissant point que je puisse préférer aux siens ... je me croirois trop heureux de me priver du plus nécesssaire pour soulager un aussi bon serviteur de l'Etat et de la religion.

Il me mande de vous informer de sa situation, et d'en parler à M. de Mirepoix.... Je suppose que c'est à M. le duc, et non à M. l'ancien évêque de ce nom, car quand le second vivroit encore, il ne nous seroit pas d'une grande ressource ni disposé à mieux traiter les missionnaires de ce diocèse que leur évêque.

Je n'ai pas cru devoir écrire à M. le duc de Mirepoix sans avoir, sur cela, reçu vos ordres ; j'ai pensé qu'il valoit mieux réunir en vous toute ma confiance et mes espérances en faveur de ce respectable et vertueux ecclésiastique.

Je vous supplie, Monseigneur, de ne pas me laisser ignorer ce que vous voudrez bien faire pour lui, il est bien digne de toutes vos bontés et des secours que vous voudrez bien lui procurer, tant pour sa liberté que pour sa subsistance.

Je vous les demande avec la dernière instance pour lui.

M. LABBÉ DE L'ISLE-DIEU

A Paris, le 8 octobre 1755.

Monseigneur,

En conséquence de votre dernière lettre datée du 5 et que j'ai reçue hier mardi, 7 du courant, je me rendis dans le moment chez M. Kolly, banquier, rue Vivienne, pour y concerter avec lui la lettre qu'il devait écrire, et qu'il écrivit sur le champ à un banquier négociant de Londres (M. P. Simon), qui se trouvait même indiqué par M. Le Loutre, puisque sa lettre étoit parvenue du port de Plymouth à Londres sous le couvert du susdit M. P. Simon, qui me l'avait fait passer de Londres à Paris.... J'ai pris la précaution de couper la signature de la lettre de M. Le Loutre (signée J.-L. Desprez) et de l'insérer dans celle de M. Kolly à Monsieur P. Simon, correspondant de Londres, afin qu'il n'y ait ni méprise de sa part, ni surprise d'un tiers.

Avant que de recevoir la réponse dont vous m'avez honorée, Monseigneur, je m'étais déjà informé de M. P. Simon, et on m'en avoit dit beaucoup de bien pour l'intelligence et l'exactitude.... D'ailleurs il est à présumer que M. Le Loutre qui a déjà été plusieurs fois en Angleterre, le connoît, puisqu'il lui a adressé sa lettre pour me la faire passer.... Le seul inconvénient qui reste à craindre c'est que notre cher prisonnier n'ait été transféré depuis le 22 7bre (date de sa lettre) et que M. P. Simon n'ait de la peine à le découvrir. Voilà, Monseigneur, toutes les précautions que j'ai pu prendre, il ne me reste plus qu'à vous supplier de pourvoir à la sûreté et à la liberté de notre cher missionnaire, dès que les circonstances le permettront.... J'ignore comment et où il a été pris, j'avais eu l'honneur de vous mander d'après la lettre de l'aumônier de la garnison de Beauséjour qu'il en étoit sorti un quart d'heure avant que les Anglois y entrassent et qu'ils l'y avaient fait beaucoup chercher.

Il y a toute apparence qu'ils l'ont fait suivre dès qu'ils ont su qu'il prenoit sa route vers Québec, ou que si il y est arrivé, il a voulu repasser en France, sur quelque vaisseau parti de ce port et pris par les Anglois dans la traversée ; mais il n'y a sur cela que des conjectures à former, jusqu'à ce qu'on ait de lui un plus grand détail, que je ne manquerai pas de vous faire passer, Monseigneur, dès qu'il sera parvenu jusqu'à moi.

Si vous ignorez, Monseigneur, le sort du vaisseau sur lequel nos trois missionnaires séculiers, et le Père Ambroise, récollet et curé de Louisbourg, sont partis du port de Rochefort, dans le courant de juillet dernier pour Louisbourg, en voici le détail en peu de mots, d'après la lettre que m'écrit le Père Ambroise, récollet, en date du 22 août.... Il me mande qu'ils sont arrivés le 18 à la vue du port de Louisbourg et que quoiqu'ils l'aient trouvé bloqué, *ils y sont entrés sains et saufs, par une espèce de prodige*.... Il m'ajoute que les trois prêtres séculiers, trouvant les postes qu'ils devoient occuper, dérangés par la prise de Louisbourg, devoient passer à Québec, par le premier vaisseau qui partiroit de Louisbourg, pour ce port, se trouvant inutiles à Louisbourg, et pouvant devenir utiles à Monseigneur l'évêque de Québéc, qui pourra facilement les faire repasser dans les postes de notre Acadie françoise, pour lesquels ils étoient destinés, s'il se fait quelque arrangement de pacification et de cantonnement entre les deux couronnes.

J'espère, Monseigneur, que vous approuverez le parti qu'ont pris ces trois zélés et vertueux missionnaires qui, suivant la lettre du Père Ambroise, doivent être partis de Louisbourg pour Québec le 24 ou le 25 de septembre ; à moins que la prudence de MM. de Drucourt, de Franquet et Prévost n'en ait jugé autrement.

Il m'a paru par la lettre du Père Ambroise que ses supérieurs avoient pris la précaution de rappeler en France deux religieux qu'ils auroient dû y faire repasser depuis longtemps ; il y en a bien encore quelqu'un mais qui, se trouvant seul de son genre et de son caractère, sera plus facile à ramener à la régularité de son état et à l'exactitude de ses fonctions et de son ministère.... D'ailleurs le Père Ambroise, actuellement supérieur et curé, est un homme doux et liant, qui a toujours bien vécu avec tous les prêtres séculiers. Ainsi, il faut espérer qu'on verra revivre, dans cette colonie, l'union, la paix et la bonne intelligence, pour le bien même du service, et au profit de l'édification publique.

M. L'ABBÉ DE L'ISLE-DIEU

A Paris, le 10 octobre 1755.

Monseigneur,

Il n'est plus douteux que ça été sur mer que M. Le Loutre a été pris, et dans la traversée de Québec en France.

J'avois eu l'honneur de vous informer, Monseigneur, que cet ecclésiastique étoit sorti de Beauséjour le jour même que les Anglois y étoient entrés, et qu'il avoit pris la route de Québec par terre.

Je vois qu'il est arrivé sans accident à en juger par une lettre de Madame la marquise de Vaudreuil, qui m'annonce le départ de cet ecclésiastique pour se rendre en France.

Le départ de cet ecclésiastique (de Québec) m'est d'ailleurs confirmé par une lettre que je reçus hier de M. Bigot, pour lui, et qu'il lui adresse en France.

Si la fréquence de mes lettres vous importunoit, Monseigneur, je vous supplierois de me le faire dire ...

jusque là je me croirai obligé de vous informer exactement et à temps de tout ce que j'apprendrai de particulier dans les circonstances présentes.

M. L'ABBÉ DE L'ISLE-DIEU

A Paris, le 29 septembre 1755.

Monseigneur,

Je viens de recevoir dans le moment une lettre du missionnaire qui étoit aumônier de la garnison de Beauséjour, lorsque ce fort a été pris par les Anglois.

Sa lettre est datée du 9 juillet, et de Louisbourg, où il me mande que la garnison de Beauséjour est sortie de ce fort, après 16 jours de tranchée et d'attaque très rigoureuse, et avec des forces supérieures aux nôtres, surtout vis-à-vis de la conduite qu'on tenue nos Acadiens établis sous le susdit fort, et les sauvages qui n'ont pas fait si bonne contenance qu'on espérait.

Ce missionnaire m'ajoute que M. Rouillé est passé en France pour apporter le détail à la Cour, ainsi je ne vous en ferai pas de plus ample, Monseigneur, surtout n'ayant encore reçu que la lettre de ce missionnaire qui me mande que le jour même de la date de sa lettre, il s'embarque pour passer de Louisbourg à Québec avec la garnison du fort de Beauséjour qui en étoit sortie avec les honneurs de la guerre et avoit été conduite à Louisbourg aux frais du roi de la Grande-Bretagne.

L'essentiel de ma lettre, Monseigneur, est de vous informer du sort du premier et principal missionnaire que nous avions sur nos nouveaux établissements, sous le fort de Beauséjour (M. Le Loutre).

On me mande que les Anglois l'ont beaucoup cherché en entrant dans le fort, et, qu'à en juger par la perquisition exacte et avide qu'ils en ont faite, ils paroissent disposés à lui faire un mauvais traitement... mais heureusement il en étoit sorti un quart d'heure auparavant et avoit pris et dirigé sa route vers Québec, où il doit être actuellement.

Ce missionnaire (M. Le Loutre) avoit heureusement pris la précaution de confier tous ses papiers, mémoires, plans et instructions de la Cour, à un particulier, qui me mande les avoir remis à M. de Villejoin, commandant de l'Isle Saint-Jean, et assez à temps pour n'en avoir pas été trouvé saisi, puisqu'il a été arrêté depuis sur les simples soupçons qu'on avoit de lui, et ensuite relâché.

Ce même habitant me mande que M. de Villejoin a fait passer tous les papiers de M. Le Loutre à un M. de Manach, missionnaire des sauvages Micmacs, qui se sont retirés à Remchick depuis la prise de Beauséjour, et où ils sont plus en sûreté qu'ils ne l'auroient été au port La Joye (fort de l'Isle Saint-Jean), où commande M. de Villejoin, s'il venoit à être attaqué.

Il m'a toujours paru d'autant plus important, que les mémoires, papiers et instructions de M. Le Loutre, ne tombassent pas entre les mains des Anglois, qu'il était l'auteur et le chef de tous les établissements que nous avions sous le fort de Beauséjour, et sur ses rivières, et que l'indignation des Anglois contre ce missionnaire, auroit bien pu rejaillir sur les autres missionnaires qui nous restent encore dans ces parages, au lieu que par la capitulation même, on me mande qu'il fût permis aux habitants de rester dans leurs habitations, d'y exercer librement leur religion et d'y avoir autant de missionnaires qu'ils en pourroient entretenir... du moins on me le mande, et M. Rouillé vous donnera, sans doute sur cela, tous les éclaircissements nécessaires sur ce qui s'est passé depuis la prise de Beauséjour jusqu'à son départ de Louisbourg.

On m'a remis, Monseigneur, et même envoyé de l'imprimerie royale, l'ouvrage de MM. les commissaires du roi sur les limites de l'Acadie, dont j'ai déjà prié M. de La Porte de vous en marquer ma très respectueuse reconnaissance.

M. L'ABBÉ DE L'ISLE-DIEU

A Paris, le 15 septembre 1755.

Monseigneur,

Nous voilà à la veille ou surveille du départ de la Cour pour Fontainebleau ; me seroit-il permis de vous rappeler la situation de Monseigneur l'évêque de Québec et le besoin qu'il a non seulement de la gratification que vous lui avez obtenue, mais d'avoir part aux grâces du roi dans la première nomination des bénéfices vacants qui se fera.

Il faut espérer que Son Eminence Monseigneur le cardinal de La Rochefoucault sera mieux intentionnée pour lui que feu M. l'ancien évêque de Mirepoix.

Vous savez, Monseigneur, que dès 1753 le roi fit dire à M. l'ancien évêque de Mirepoix, par M. Rouillé, qu'il vouloit qu'on donna un abbaye à M. l'évêque de Québec.... quatorze ans de grand vicariat en France.... bientôt quinze ans d'épiscopat dans le nouveau monde le rendent bien digne des grâces du roi dans l'espèce de celle que je sollicite pour lui.

Vous m'avez paru bien disposé, Monseigneur, en sa faveur, vous êtes instruit des intentions du roi à son égard ... vous connoissez l'utilité dont il est dans son diocèse, non seulement pour ce qui concerne son ministère, mais pour le bien du service ; j'ignore si vous avez trouvé l'occasion d'en parler à S. E. Mgr le cardinal de La Rochefoucauld.

Si vous daignez, Monseigneur, m'honorer d'un mot de lettre qui m'autorisât à le faire, je me présenterois à son audience, et je ne perdrois aucune occasion de lui représenter les besoins instants de M. l'évêque de Québec (plus pressants encore pour son diocèse que pour lui), car pour sa dépense personnelle il lui est aisé d'y satisfaire par la sobriété dont il vit, lorsqu'il ne s'agit de représentations indispensables pour le bien du service.

Je n'ose plus, Monseigneur, vous parler de différents articles de mes dernières lettres ; si cependant je ne craingnois de vous importuner, je vous demanderois un ordre pour qu'on me délivra l'ouvrage de MM. les commissaires du roi sur la question des limites ... je suis informé qu'on le délivre au public... nous sommes inondés de petits ouvrages fugitifs sur cette question, j'avoue que je serois bien aise d'en trouver la réponse dans leur source, et dans les titres mêmes sur lesquels les Anglois imaginent de fonder leurs vagues prétentions.

Cette matière a été traitée d'une manière si concluante (contre les Anglois) que je serois bien aise de revoir ce que MM. les commissaires du roi leur opposent, et la manière dont ils combattent et détruisent leur système, dont les preuves mêmes militent contre leurs prétentions.

Pardonnez-moi, je vous prie, cette curiosité de citoyen et de patriote.

M. L'ABBÉ DE L'ISLE-DIEU

A Paris, le 3 9bre 1755.

Monseigneur,

Il m'a paru qu'il étoit de mon devoir et de ma reconnoissance de vous informer de l'effet qu'avoit eu la lettre que M. Kolly, banquier de Paris, avoit écrite à M. Simon, banquier de Londres, son correspondant.

Vous en jugerez vous-même, Monseigneur, par la lettre de M. Le Loutre, sous le nom de J.-L. Desprez, que je reçue hier, 2ème du courant, dont je joins ici la copie figurée (cette lettre m'est parvenue par la poste, sous l'adresse suivante) : à Monsieur l'abbé de l'Isle-Dieu, au séminaire des Missions Etrangères, faubourg Saint-Germain, rue du Bacq, à Paris.

Il paroît, ou du moins, il y a lieu de présumer, Monseigneur, que ce bon et vertueux missionnaire a reçu les 500 livres que vous avez ordonnées à M. Kolly de lui faire compter, et il paroît bien disposé à ménager cette petite ressource, qui lui étoit extrêmement nécessaire dans la détresse où il se trouvoit, mais il paroît également qu'il est toujours à bord du vaisseau l'Oxford, dans le port de Plymouth, sans pouvoir aller à terre... s'il étoit possible de lui procurer cette liberté, cela lui feroit grand plaisir, jusqu'à ce que les circonstances plus favorables permettent de lui procurer son entière liberté... je crois même, Monseigneur, que vous en pourriez tirer des éclaircissements très utiles (s'il étoit en France) par la parfaite connoissance qu'il a de l'Acadie, et des propriétés et possessions respectives des deux couronnes, dans cette colonie.... Je vous supplie, du moins, Monseigneur, de ne le pas oublier, et de le regarder comme un excellent sujet du roi, qui a toujours bien mérité de l'Etat et de la Religion.

J'ignore, Monseigneur, les mesures que vous avez prises au sujet des capucins de la Nouvelle-Orléans.... Je suppose cependant que (comme j'avois pris la liberté de vous en supplier) vous avez eu la bonté de donner vos ordres à M. de Kerlerec, gouverneur, et à M. D'Auberville, commissaire-ordonnateur de cette colonie, à l'effet d'être informé par eux de la vérité des faits, et des charges et plaintes respectives.

Les capucins ont répandu un libelle imprimé qui m'est enfin parvenu.... J'y ai vu avec douleur toutes les faussetés qui y sont témérairement avancées.

Les jésuites de France qui en ont eu connaissance sont venus me trouver, et me demander ce qu'ils avoient à faire.... Je leur ai conseillé de rester tranquilles, et de s'en rapporter aux mesures de prudence que vous aviez prises, et aux ordres que vous aviez donnés à ce sujet, vous ayant supplié de vous faire informer sur les lieux, de la vérité des faits et des charges.

Pendant ce temps-là, Monseigneur, j'ai cru cependant devoir rassembler sous un seul point de vue, tout ce qui s'est passé depuis l'avènement de M. de Pontbriant, à l'évêché de Québec, j'y joins :

1° L'arrangement fait par M. l'évêque de Québec pour le nouveau gouvernement spirituel de cette colonie..... Les motifs qui l'y ont porté, avec l'attachement et l'agrément de M. le comte de Maurepas, alors secrétaire de la marine.

2° L'article de l'hôpital militaire décide n'appartenir ni aux jésuites ni aux capucins, mais laissé au choix du gouvernement, pour en confier par eux la desserte spirituelle à ceux des deux ordres religieux qu'ils en jugeront les plus dignes et les plus capables.

J'ai sur cela, entre les mains, toutes les lettres de M. le comte de Maurepas et de M. de La Porte, et c'est en conformité de ces mêmes lettres que M. de Vaudreuil s'est conduit, et depuis lui, M. de Kerlerec de concert avec M. D'Auberville, comme M. de Vaudreuil l'avoit fait de son temps avec M. Michel et avant eux M. de Bienville et M. de Salmon.

Il me revient de plusieurs endroits, Monseigneur, qu'il doit passer cette année quatre nouveaux capucins à la Louisiane avec le Père Hilaire, que des confrères avoient député en France pour y exposer leurs plaintes et y soutenir leurs prétentions, telles qu'elles sont exposées et déduites dans leur mémoire.

S'il est vrai, Monseigneur, que vous ayez accordé et approuvé le passage de ces saints religieux, je n'ai rien à dire; mais comme ils n'ont pris aucuns pouvoirs ni aucunes approbations de moi (n'en ayant pas même entendu parler, non plus que du Père Hilaire), et qu'ils ne veulent point reconnoître la juridiction du grand vicaire, nommé pour la Nouvelle-Orléans, par Mgr l'évêque de Québec, ils prétendent apparemment décider la question par eux-mêmes, et par voie de fait, être indépendants de l'ordinaire, se donner pour missionnaires apostoliques, et ne reconnoître que la mission du Pape, qu'ils n'ont pas, et qui d'ailleurs ne pourroit avoir lieu dans un évêché en titre, au préjudice des droits et de la juridiction de l'ordinaire. D'ailleurs encore, Monseigneur, l'intention de M. l'évêque de Québec, dans ses arrangements en partant pour son diocèse, a été qu'il ne partit de France, aucuns missionnaires séculiers ni réguliers pour les différentes colonies de son diocèse, qu'ils n'eussent été vus, examinés et approuvés par son vicaire général en France (arrangement concerté avec la Cour, et approuvé par M. le comte de Maurepas, suivant que ses différentes lettres à ce sujet en font foi).

Je m'acquitte sur cela, Monseigneur, des différentes représentations que M. l'évêque de Québec me reprocheroit tôt ou tard de ne vous avoir pas faites, et d'ailleurs l'usurpation d'une juridiction que les capucins n'ont pas, et que M. l'évêque de Québec n'a pas eu intention de leur accorder depuis son avènement à l'épiscopat, mettroit les sujets du roi en souffrance, ce qui est déjà arrivé dans les deux derniers mariages qui se sont faits, sur la fin de l'année dernière par les capucins. et sur des dispenses qu'ils ont accordées, sans en avoir le pouvoir ni la juridiction.

Sans des raisons aussi importantes, Monseigneur, et des représentations aussi nécessaires à vous faire, je n'aurois pas pris la liberté de vous importuner, je ne suis pas assez jaloux d'une juridiction qui me pèse, pour le moins autant qu'elle m'honore, surtout vis-à-vis de mon âge, de mes infirmités et des dépenses qu'elle m'occasionne, au dépens de mon propre nécessaire, depuis vingt-cinq ans, mais je ne dois pas me plaindre quand on laisse, depuis bientôt quinze ans M. l'évêque de Québec, sans pain, ou du moins, pour toute ressource, vis-à-vis d'une simple pension modique sur l'économat et reductible à volonté.

A bord du vaisseau de guerre l'Oxford,
ce 24 octobre 1755.

Monsieur,

J'ai reçu la lettre que vous m'avez fait l'honneur de m'écrire en date du 7 du mois courant.

Je vous suis obligé de votre attention, et vous pouvez être persuadé que je ne prendrai l'argent que pour le pur nécessaire, je vous prierai cependant de donner ordre pour tout ce dont je pourrois avoir besoin, en cas qu'il fallût un cautionnement pour me procurer une honnête liberté. Comme vous savez mieux que moi ce qu'il faut faire et que vous connoissez les personnes auxquelles il faut s'adresser, je ne vous nommerai plus personne, mais je vous prie d'agir sans relâche, fortement et avec confiance, car je n'ai commis aucun crime.

Je suis, etc.,

J.-L. DESPREZ.

Pour copie.

M. L'ABBÉ DE L'ISLE-DIEU

A Paris, le 18 9bre 1755.

Monseigneur,

M. Kolly me fit remettre hier une lettre ouverte (et qui paroît n'avoir point été cachetée) de M. Le Loutre, et il me mande qu'il en a envoyé copie à M. de La Porte, qui, sans doute, vous l'aura déjà communiquée. Ainsi, j'ai cru inutile de vous en envoyer une nouvelle copie, mais j'y vois avec une grande douleur et une inquiétude égale pour le sort de notre cher missionnaire, qu'il a été reconnu et transféré du port de Plymouth dans celui de Portsmouth à bord du vaisseau le Royal George, avec aussi peu de liberté qu'il en avoit à Plymouth à bord du vaisseau l'Oxford.

Une nouvelle circonstance augmente encore mon inquiétude, je vis hier une dame qui, venant du Cap, avec un enfant de trois ans, avoit été prise sur mer et conduite à Plymouth, (elle s'appelle Madame de Lan, et loge à Paris, rue Salleaucomte (?), chez M. Modelle, marchand d'étoffes d'or).

Dans une assez longue conversation que j'ai eue avec elle, elle m'a rendu un compte exact du traitement qui lui avait été foit, et de tout ce qui s'étoit passé à son égard, et au sujet des autres passagers de qui on a retenu tous les effets, elle y perd elle-même 12 à 1,300 livres, mais on leur a donné à tous la liberté de repasser en France, et on a fait conduire notre cher missionnaire de Plymouth à Portsmouth.

Je me suis exactement informé si on avoit envoyé quelque passager du port de Plymouth (ce qui seroit encore de plus mauvais augure pour notre cher prisonnier), mais je n'ai pu rien découvrir.

Vous verrez par sa lettre, Monseigneur, le traitement qu'on lui a fait dans les premiers jours qu'il est arrivé à Portsmouth, à bord du vaisseau le Royal George, et les démarches qu'il a faites pour avoir la liberté d'aller à terre.

Vous verrez également, Monseigneur, par la copie de la lettre de M. P. Simon, correspondant de M. Kolly, les notes qu'on a données à la Cour d'Angleterre contre M. Le Loutre.... Permettez donc, je vous supplie, que je réclame en sa faveur, de votre protection, tout ce que les circonstances présentes vous permettront de faire pour lui.... J'ignore encore s'il a reçu les 500 livres que vous lui avez accordées, quoique j'eusse lieu de présumer de sa dernière lettre ; mais il me paroît que le correspondant de M. Kolly lui a adressé une lettre de crédit à Portsmouth, ayez en pitié, je vous en conjure, Monseigneur ... on peut vous certifier de plus d'une part, en ce pays-ci, qu'il a assez bien mérité de l'Etat et de la Religion, pour n'être pas abandonné.

M. L'ABBÉ DE L'ISLE-DIEU

A Paris, le 29 9bre 1755.

Monseigneur,

Je reçus hier au soir une lettre particulière de Louisbourg, en date du 26 octobre dernier, et qui m'est venue par Saint-Malo, ce qui me fait juger qu'il y est arrivé un vaisseau venant de Louisbourg.

Cette lettre m'annonce que nous n'avons plus de missionnaires dans l'intérieur de l'Acadie angloise, c'est-à-dire dans la péninsule, et que trois (savoir MM. Daudin, Le Chauvreux et Lemaire qui étoient à Port-Royal et aux Mines) ont été enlevés et conduits à Chibouctou ou Halifax, sans qu'on n'en ait pu avoir des nouvelles depuis.

Il y en avoit un quatrième nommé M. Des Enclaves, dont on ne me parle point. Il avoit quitté depuis deux ans Port-Royal et s'étoit retiré auprès de quelques habitants Acadiens-françois, dans la partie de l'Est, au Cap de Sable, j'ignore ce qu'il est devenu.

On me mande également que les Anglois ont chassé ce qui restoit encore d'Acadiens-françois dans la partie de la péninsule qu'ils habitoient, et qu'ils les ont réduits à la dernière misère .... Ils y auront apparemment substitué des colons et cultivateurs anglois, qui auront trouvé la nappe mise, et qui auront pu profiter du travail et des cultivations de nos pauvres Acadiens-françois, aussi bien que de leurs effets morts et vifs.... Il restoit encore dans cette partie (suivant le dernier dénombrement qu'on m'en a envoyé) 6,345 habitants.

On m'ajoute que depuis que les Anglois se sont emparé de la rivière Saint-Jean, où nous avons plus de 2,500 habitants, nouvellement établis sur de bonnes terres, ils en ont chassé les missionnaires, et qu'ils maltraitent beaucoup ces mêmes habitants.

Le missionnaire, qui étoit depuis quelques années chargé de 2,897 habitants bien établis, sur les rivières de Chipoudy, Petkoudiak et Memramcouk, sous le fort de Beauséjour, a pris le parti de se retirer à Québec, sur la nouvelle qu'il a eue que les Anglois vouloient le faire arrêter.

On me mande rien de l'Isle Saint-Jean, où nous avons (suivant les derniers dénombrements) plus de 3,000 habitants qui commencent à se bien établir, en cinq paroisses, qui ont chacune un missionnaire, y compris celui du fort nommé La Joye.

Il paroît qu'on craint la disette à Louisbourg par le défaut de communication avec ceux de nos postes qui pourroient contribuer à son approvisionnement.

Je n'ai point eu de nouvelles du pauvre M. Le Loutre depuis le 10 du courant, je le crois toujours à bord du vaisseau le Royal George, dans la rade de Portsmouth, où je le crois fort maltraité, suivant qu'il me le mandoit par sa dernière lettre .... Je sais cependant que sur les lettres de M. Kolly, M. P. Simon, son correspondant à Londres, lui a fait passer une lettre de crédit pour Portsmouth, comme il en avoit une ci-devant pour Plymouth.

M. L'ABBÉ DE L'ISLE-DIEU

A Paris, le 15 Xbre 1755.

Monseigneur,

Quoique j'ignore si vous approuvez mon exactitude à vous informer de tout ce que j'apprends de nos colonies, je crois cependant devoir continuer jusqu'à ce que vous m'ayez fait donner des ordres contraires.

Il faut, Monseigneur, qu'il soit arrivé un nouveau vaisseau à Saint-Malo, il y a aujourd'hui huit jours (lundi 8 du courant).... J'avais eu l'honneur de vous mander, par ma dernière lettre, Monseigneur, que le gouvernement anglois avoit fait arrêter (le 7 août dernier) ce qui restoit encore de missionnaires dans la péninsule de leur Nouvelle-Ecosse, et qu'il les avoit fait conduire dans les prisons.

Je vois par une lettre que j'ai reçue hier au soir, datée du 9 et d'un M. Daudin, ci-devant curé dans le diocèse de Sens, et, depuis 1753, missionnaire dans l'Acadie angloise où il desservoit Port-Royal et les postes voisins, qu'il est arrivé la veille, le 8, à Saint-Malo, avec un de ses confrères, nommé M. Le Chauvreux, ancien missionnaire aux Mines, qui a eu le même sort que lui.

Ce missionnaire m'écrit fort brièvement, et ne me parle point de deux autres missionnaires (M. Des Enclaves et M. Lemaire) qui étoient avec lui dans le gouvernement anglois, ainsi j'ignore ce qu'ils sont devenus... il me dit seulement qu'il se rendra incessamment à Paris pour me faire le détail de la position actuelle de l'Acadie, et de ce qui s'y est passé depuis ses dernières lettres; mais qu'il est obligé de partir pour Rennes, où, suivant qu'il me le mande, il a dû arriver samedi dernier, 13 du courant, et d'où il se rendra à Nantes, et de Nantes à Orléans par la Loire, si elle est praticable, pour y déposer son confrère M. Le Chauvreux, qui y trouvera apparemment sa famille ou des amis pour l'y recevoir, et lui donner les secours que son âge et ses infirmités lui rendent nécessaires et même indispensables.

Je compte donc, Monseigneur, que M. Daudin se rendra à Paris au plus tard dans les premiers jours de janvier, et peut-être même auparavant, mais j'ignore encore de quoi je l'y ferai subsister n'y ayant ni faculté, ni famille, et c'est un homme à conserver, si les choses prenoient une autre forme.... Il a quitté une cure de 1,600 livres pour se consacrer à l'œuvre de nos missions, et la conduite qu'il y a tenue fait son éloge à tous égards, et du côté du zèle et de celui de la prudence... c'est même le seul des quatre qui étoient sous le gouvernement anglois, sur qui on puisse compter, les trois autres étant infirmes ou consumés de travail et d'années.

J'aurai l'honneur de vous présenter M. Daudin lorsqu'il sera rendu à Paris, si vous le jugez à propos, Monseigneur, où je vous ferai passer l'extrait du détail qu'il m'aura fait.... Si vous daignez avoir quelques bontés pour lui, et lui procurer quelques petits secours de subsistance jusqu'à ce qu'on puisse lui laisser prendre un autre parti, je vous supplie de m'adresser vos ordres à ce sujet, et de me pardonner l'importunité que je vous cause ; j'imagine cependant que vous ne blâmerez pas mon zèle pour des hommes aussi respectables, et qui ont tout sacrifié, exposé même leur vie, pour le bien du service de l'Etat et de celui de la Religion.

J'ai enfin reçu des nouvelles de M. Desprez Le Loutre, sa lettre est du 3 du courant.... Il est toujours à la rade de Portsmouth, à bord du vaisseau le Royal George, sans permission d'aller à terre, cependant moins durement traité qu'il ne l'avoit été auparavant.

J'aurai l'honneur de vous adresser la copie exacte et figurée de sa lettre, si vous le jugez à propos, Monseigneur.... * Elle contient la nouvelle requête qu'il a présentée aux chefs de l'Amirauté, et par laquelle il demande à comparoître devant ses juges, à subir tel interrogatoire qu'on jugera à propos ; mais qu'on veuille bien lui accorder la liberté d'aller à terre pour s'y faire traiter, soit dans telle prison qu'on voudra lui indiquer, ou à terre sous caution, afin qu'il ait la liberté de voir les médecins et chirurgiens dont il a besoin, pour le traiter d'un asthme qui le réduit à l'extrémité surtout à bord d'un vaisseau, où il ne peut avoir ni feu par la saison où nous sommes, ni les autres secours nécessaires.

---

* Ces points de suspension se trouvent dans le manuscrit original, et n'indiquent pas de suppressions—*Note de l'Editeur.*

M. P. Simon, correspondant de M. Kolly, m'a également écrit, et me mande qu'il a donné ordre à un M. William, son correspondant à Portsmouth, de compter 500 livres à M. Desprez Le Loutre, qui m'écrit lui-même qu'il n'en a encore pris que cinq guinées, ne croyant devoir toucher cet argent qu'à fur et à mesure qu'il en aura besoin, dans l'espérance de se servir utilement de ce qu'il pourra conserver et épargner pour se faire traiter, s'il peut avoir la liberté d'aller à terre.

En vérité, Monseigneur, de pareils hommes, d'aussi fidèles citoyens et de si généreux confesseurs de la foi sont bien dignes de votre compassion, et des grâces et de la protection de la Cour.

M. Desprez Le Loutre me mande qu'il est le seul et unique françois détenu dans la rade de Portsmouth.

M. L'ABBÉ DE L'ISLE-DIEU

A Paris, le 23 Xbre 1755.

Monseigneur,

Quelque crainte que j'aie de vous importuner, au milieu des grandes occupations où je vous sais, ne voulant rien faire de ma tête et sans conseil ou ordre de votre part, je ne puis me dispenser de vous confier l'embarras où je me trouve.

Il me vient journellement des lettres des différentes colonies de l'Amérique, nos pauvres missionnaires dispersés m'en écrivent des différents ports où ils prennent terre.

Je reçois toutes ces lettres et j'en acquitte le port, suivant l'usage où je suis de le faire pour mon compte, depuis 25 ans ; mais ce n'est pas là ce qui me peine le plus. Tant que mes petites facultés et ma santé me permettront de faire face, les unes à la dépense, et l'autre à un travail qui peut également servir l'Etat et la Religion... je suis citoyen et j'ai l'honneur d'être prêtre, cela me suffit pour être également attaché à l'un et à l'autre ; mais voici, Monseigneur, ce qui me pénètre de douleur.

Nous n'avons plus aucun missionnaire dans la Nouvelle-Ecosse, sous le gouvernement anglois, ni dans l'Acadie françoise, sur les rivières établies sous le fort de Beauséjour que les Anglois nous ont pris.

De quatre missionnaires qui étoient dans la Nouvelle-Ecosse, sous le gouvernement anglois, trois (comme j'ai déjà eu l'honneur de vous le marquer) ont été enlevés, et après quelques mois de prison à Halifax, ont été conduits à Portsmouth, et de Portsmouth ont été envoyés sur un vaisseau qu'ils ont frêté à leurs dépens, avec plusieurs autres passagers dans le port de Saint-Malo, d'où ils m'ont annoncé leur débarquement et leur dispersion chacun de leur côté, selon les vues qu'ils avoient.

Le seul et unique missionnaire qui étoit dans l'Acadie françoise, et qui desservoit au moins quarante lieues de pays, sur les trois rivières de Chipoudy, Petkoudiak et Memramcouk, a pris la fuite sur la première nouvelle qu'il a eue que les Anglois vouloient faire enlever ses habitants pour les faire transporter en

Angleterre. J'ignore ce qu'il est devenu, je le crois cependant actuellement parvenu à Québec.

Vous voyez, Monseigneur, par le détail que je viens de vous faire des quatre missionnaires qui étoient dans la Nouvelle-Ecosse, sous le gouvernement anglois, qu'il n'y en a eu que trois d'arrêtés et de transportés en Angleterre .... J'ignore absolument encore ce qu'est devenu le quatrième, qui s'étoit ci-devant retiré de Port-Royal et refugié, avec quelques Acadiens-françois, au Cap de Sable.

Quant aux trois missionnaires, que par vos ordres, Monseigneur, j'ai fait partir cette année pour Louisbourg, voyant qu'il n'y avait rien à faire pour eux à l'Acadie angloise ni françoise, ils ont heureusement passé à Québec, où M. l'évêque de Québec les a reçus et d'où il pourra les renvoyer dans l'Acadie, s'il se fait quelque conciliation entre les deux couronnes au moyen d'une paix solide (et pour la maintenir) de la fixation des limites.

Je vois donc actuellement à Québec cinq excellents missionnaires, et bien propres à servir l'Etat et la Religion, si on les met à portée de le faire ; mais j'ignore de quoi M. l'évêque de Québec pourra les faire subsister, étant lui-même fort à l'étroit ; mais les hommes qui pensent comme lui ne connoissent que le bien qu'ils peuvent faire, et savent oublier leurs propres besoins pour ne penser qu'à ceux des autres, et c'est un évêque de cette espèce que M. l'ancien évêque de Mirepoix a laissé sans aucune grâce de la Cour, malgré les ordres bien positifs du roi à ce sujet.

J'ai présenté un nouveau mémoire en faveur de ce respectable prélat, à Son Eminence M. le cardinal de La Rochefoucauld... j'ignore quel en sera le succès ; mais j'en espérerois beaucoup si vous vouliez seulement dire un mot, Monseigneur, et que le roi voulût bien se souvenir de ses favorables dispositions pour M. l'évêque de Québec, bien digne de l'attention et des grâces de Sa Majesté :

Les cinq missionnaires qui sont actuellement à Québec sont :

Le premier, M. de Biscarat ;

Le deuxième, M. Eudo ;

Le troisième, M. Coquart ;

Le quatrième, M. Vizien, ci-devant aumônier de la garnison du fort de Beauséjour, et compris dans la capitulation ;

Le cinquième, M. Le Guerne, ci-devant et depuis nombre d'années missionnaire de 2,897 habitants, bien établis sur les rivières de Chipoudy, Petkoudiak, Memramcouk, sous le fort de Beauséjour (supposé qu'en se sauvant à travers les bois pour éviter d'être enlevé par les Anglois il ait pu parvenir et se réfugier à Québec entre les bras et sous la protection de son évêque).

Je reviens, présentement, Monseigneur, aux missionnaires que j'ai actuellement en France, et aux besoins desquels je suis hors d'état de subvenir, si vous ne me procurez des secours, Monseigneur.

Le premier se nomme M. Lemaire, ci-devant missionnaire aux Mines dans l'Acadie, sous le gouvernement anglois.

Il est arrivé de Saint-Malo ici où je l'ai reçu, en me chargeant d'y payer sa pension pendant le cours d'une retraite qu'il m'a demandé d'y faire, après quoi je ne saurai qu'en faire.

Le second et le troisième se nomment l'un M. Daudin, ci-devant missionnaire à Port-Royal, et l'autre M. Le Chauvreux, ci-devant missionnaire d'une des paroisses des Mines, dans la Nouvelle-Ecosse, sous le gouvernement anglois... je les crois tous deux actuellement à Orléans, d'où M. Daudin doit arriver incessamment à Paris, et dont je crois, Monseigneur, que vous pourrez tirer beaucoup d'éclaircissements ; d'ailleurs c'est un homme à conserver et fort en état de retourner en mission, si on en a besoin.... Quant à M. Le Chauvreux, il est usé d'années, de travail et d'infirmités, et je le crois digne de quelques petits secours.

J'en ai un quatrième qui est arrivé de l'Isle Saint-Jean (où il desservoit une très grosse paroisse) à La Rochelle, par les derniers vaisseaux.... Il se nomme M. Perronnet, ci-devant missionnaire curé de la paroisse de Saint-Pierre du Nord-d'Est, sur la rivière de ce nom, dans l'Isle Saint-Jean.... Mais malheureusement il est infirme, et plus encore d'esprit que de corps... il est tombé dans une espèce d'imbécillité et d'enfance qui le mettent hors d'état de remplir aucune fonction ecclésiastique.... Il a été mis en arrivant à La Rochelle, à l'hôpital de cette ville dans la communauté des prêtres qui le desservent par M. l'official de La Rochelle, qui est de mes amis, sur le pied de 40 sous par jour, et sur mon compte, jusqu'à nouvel ordre de ma part... j'ai écrit pour qu'on en eût grand soin... mais vous voyez bien, Monseigneur que je ne suis pas en état de payer une pension de 730 livres à cet ecclésiastique, à moins que de me réduire moi-même à la mendicité.

D'ailleurs, si le roi veut avoir pitié de cet ecclésiastique, Sa Majesté peut en être quitte à bien meilleur compte, en le faisant placer, avec le secours d'une petite pension, dans l'hôpital où il est, au nombre des malades laïcs, et c'est, Monseigneur, sur quoi je prends la liberté de demander vos ordres aussi bien pour les secours nécessaires aux trois autres missionnaires (M. Daudin, M. Le Chauvreux et M. Lemaire) qui sont actuellement en France, et surtout pour M. Daudin qui est un homme à conserver.

A l'égard des différents détails qui m'ont été envoyés sur les différents postes de nos colonies de l'Amérique, je ne vous en ferai et ne vous en présenterai l'extrait, Monseigneur, que quand vous me l'aurez ordonné, dans la crainte de vous importuner par des redites de détails dont vous êtes peut-être informé, beaucoup mieux que je ne pourrois le faire, quoique ce qui m'en a été mandé me paroisse fort exact pour les faits et pour les réflexions et combinaisons, sur les mesures à prendre pour conserver nos possessions et rentrer dans les usurpations qu'on nous a faites, tant du côté des pays d'en haut du fleuve Saint-Laurent que de celui de l'Acadie.

Si j'avois été sûr d'être admis à votre audience, Monseigneur, je me serois rendu à Versailles, et je le ferai immédiatement après les fêtes, si vous me le permettez, et que vous m'en donniez l'ordre, mais de façon ou d'autre, je serois bien aise de savoir si vous me permettez de suivre les différentes affaires dont j'ai l'honneur de vous parler dans cette lettre, afin de mettre fin à mes importunités.

Je n'ai point eu de nouvelles de M. Le Loutre depuis le 3 du courant, et le dernier compte que j'ai eu l'honneur de vous en rendre, je lui ai écrit depuis et je sais qu'il a reçu une lettre de crédit sur un banquier de Portsmouth ; mais ce qui m'étonne et m'inquiète beaucoup, c'est que les trois missionnaires d'Halifax qui ont été conduits à Portsmouth, et qui sont actuellement en France, le croyoient ici et n'en ont point entendu parler pendant le séjour qu'ils ont fait à Portsmouth, ce qui prouve qu'il est extrêmement resserré.

Je vous supplie de me faire donner vos ordres sur le contenu de cette lettre, afin que je puisse m'y conformer.

M. DE CONTRECŒUR

Au Fort Duquesne, le 20 juillet 1755.

Monseigneur,

Monsieur le général aura eu l'honneur de vous rendre compte de la victoire que nous avons eue sur les Anglois le 9 de ce mois, à trois lieues de ce fort.

Après le succès réitéré que j'ai eu depuis que j'ai l'honneur de commander ici, il ne me restera plus rien à désirer si Votre Grandeur approuve la conduite que j'ai tenue dans les différentes occasions qui se sont présentées, et si cette dernière action peut mettre les principaux officiers qui s'y sont trouvés à portée des grâces du roi ; il me reste, Monseigneur, à vous rendre compte de la bonne volonté qu'ont fait paroître tous messieurs les officiers ; il ne m'a pas été permis de répondre à l'empressement que chacun d'eux avoit d'aller au devant de l'ennemi, nos découvreurs me rapportoient tous les jours que les ennemis venoient par différents chemins pour investir le fort ; il était nécessaire de garder ici ce qui étoit indispensablement nécessaire pour garder le fort. M. de Beaujeu, qui étoit nommé pour me succéder dans le commandement de ce poste,commandoit le parti ayant pour seconds messieurs Dumas et De Ligneris, il eût le malheur d'être tué à la troisième décharge des ennemis, dans le temps que nos François et sauvages commençoient à balancer ; cet accident, au lieu de décourager notre monde ne fit que le ranimer. Ces deux messieurs se surpassèrent pour encourager les nôtres et le bon Dieu se mit de notre côté. Monsieur le général aura eu l'honneur, Monseigneur, de vous informer du reste, tous les officiers qui étoient dans cette action et vingt-deux cadets se sont également distingués.

Un accident fâcheux produit par les fatigues de la campagne dernière me mettra peut-être hors d'état de continuer mes services ; il me reste deux enfants pour lesquels j'ose implorer l'honneur de votre protection. L'aîné a été employé ailleurs par monsieur le général, le plus jeune m'a toujours suivi dans cette partie, l'un et l'autre sont en état de bien remplir leur devoir partout où ils seront employés.

M. DE CONTRECŒUR

A Montréal, le 28 7bre 1755.

Monseigneur,

J'ai l'honneur de vous rendre compte qu'après avoir eu le commandement de Niagara, M. le marquis Duquesne me déféra celui de la rivière Ohio ; je reçus ses ordres étant encore à Niagara au mois de janvier 1754, et aussitôt je me mis en marche par terre pour me rendre à la dite rivière ; il me fut impossible d'y parvenir par les mauvais chemins et la dureté de la saison avant le 16 avril de la même année.

En arrivant au fort Duquesne, qui est le principal poste de cette rivière, j'y trouvai un fort ennemi dont je m'emparai aussitôt après avoir contraint les Anglois qui étoient dans son enceinte à en déguerpir ; j'ai resté au fort Duquesne jusqu'au 15 du présent mois et je suis arrivé en cette ville le 26.

M. le marquis de Vaudreuil vous aura sans doute informé, Monseigneur, de la dernière victoire que je remportai au 9 juillet dernier, au fort Duquesne, ainsi que des différentes précautions que je pris dans le temps pour le mettre à couvert des insultes de l'ennemi, dont les prétentions ne tendoient à rien moins que de s'en rendre maître.

Si mes services peuvent mériter auprès de vous, Monseigneur, quelque récompense, j'ose vous supplier de m'accorder la croix de Saint-Louis et l'avancement de mes deux enfants.

L'aîné qui est enseigne est actuellement faisant fonction de major dans un parti auprès du fort Saint-

Frédéric, et le cadet âgé de 23 ans n'est encore que cadet, celui-ci étoit à la dernière campagne de la rivière Ohio, il se trouva à l'action du fort Duquesne et y eût le chien de son fusil cassé par une balle ennemie.

J'ose me flatter, Monseigneur, que vous voudrez bien m'accorder la grâce que je vous demande. Mon zèle et celui de mes enfants pour le service du roi n'en prendra qu'un nouvel accroissement, et tous ensemble nous serons toujours prêts à nous sacrifier pour sa défense.

A Québec, le 11 novembre 1755.

M. CHAUSSEGROS DE LÉRY, INGÉNIEUR

Il seroit nécessaire de couvrir en ardoise tous les bâtiments du roi. Place d'élève de la marine à Toulon, pour son neveu ; que son fils lieutenant à Louisbourg retourne en Canada. Propose ses deux fils pour ingénieurs.

Monseigneur,

Les projets des Anglois étoient de s'emparer du fort Duquesne dans la Belle-Rivière, ils marchoient avec un corps de troupes réglées de trois mille hommes de l'artillerie, munitions de guerre et de bouche, et tout ce qui étoit nécessaire pour en faire le siège, ils ont été attaqués par un petit corps de nos gens, composé de huit cent cinquante hommes, officiers, soldats, milices et sauvages, à trois lieues du fort, ils ont été entièrement défaits, ils ont perdu leur artillerie, munitions, le commandant mort de ses blessures, six cents hommes tués sur le champ de bataille, on les a poursuivis, et le carnage a continué. Monsieur le général sait la perte des Anglois.

Comme j'avois su le projet des ennemis qui étoit de s'emparer de nos forts, j'écrivis à mon fils aîné qui achevoit le fort du Détroit de descendre au fort Duquesne pour le mettre en état de défense, et de là il s'est rendu au fort de Niagara pour y faire la même chose.

M. de Lotbinière est allé au fort Saint-Frédéric pour y faire un retranchement autour du fort, et un fort à Carillon à six lieues du fort Saint-Frédéric du côté des Anglois pour couvrir le premier fort.

Il est arrivé à Québec un incendie affreux. Le feu a pris à l'Hôtel-Dieu, le vent étant au nord-est, les flammes ont traversé la rue et ont mis le feu à la couverture en planches des prisons, salles d'armes et nouvelles casernes et casernes Dauphine, toutes les couvertures ont brûlées, le reste a été sauvé étant voûté, j'ai tout fait réparer. Il y a eu six maisons de particuliers brûlées.

Une dépense utile et nécessaire, ce seroit de couvrir tous les bâtiments du roi en ardoise, ce seroit une dépense bien utile, je l'avois déjà proposée.

Les fortifications de Québec n'ont pas avancées cette année, une grande partie des ouvriers étant allés à la Belle-Rivière, et au fort Saint-Frédéric, les dépenses seront peu de chose.

Je vous supplie, Monseigneur, de m'accorder la grâce de procurer à mon neveu, fils de feu mon frère aîné, capitaine dans Vandosme, une place d'élève écrivain de roi, à Toulon, où est son bien.

Et d'accorder à mon fils le cadet, lieutenant dans les troupes à Louisbourg, son changement pour ce pays, y ayant déjà été officier.

Si j'avois encore deux ingénieurs ordinaires du roi, les travaux des fortifications des places et des forts se feroient aisément, je vous offre mes deux fils, lieutenants dans les troupes qui en sont capables ; je vous supplie, Monseigneur, de leur être favorable. S'il y avoit quatre ingénieurs, je serois en état de tenir tout en ordre.

Porté au roi, le 22 mars 1755.

TRANSPORTS DE TROUPES, ARMEMENTS

Lorsqu'il a été rendu compte à Sa Majesté au commencement du mois dernier, des opérations des ports relativement à l'armement des vaisseaux destinés à transporter en Canada six bataillons des troupes de terre, il n'étoit alors question que des premiers prépatifs nécessaires à cette occasion. Mais dans tout le courant de février et dans les quinze premiers jours de mars, on a fini entièrement la carène de tous les vaisseaux, et il y en avoit déjà onze en rade à Brest, le quinze de ce mois.

On a commencé par ceux qui sont destinés à composer l'escadre commandée par M. Du Bois de la Mothe, parce qu'il a été arrangé que tous les vaisseaux de cette escadre seroient mis en rade dès ce mois-ci, pour n'occasionner aucun retardement à l'embarquement des troupes dans le premier régiment arrivé à Brest le trois avril. Cela n'empêchera point que tous les vaisseaux de l'escadre commandée par M. de Macnemara ne soient prêts pour le temps qui a été fixé, attendu que l'on achèvera leur armement dans l'intervalle de l'embarquement des troupes, dont le premier n'ira à bord que le cinq avril, et le sixième le quinze du même mois. Il y a tout lieu d'assurer à Sa Majesté que tous les vaisseaux des deux escadres seront prêts du quinze au vingt avril, et qu'elles pourront alors partir de Brest si les vents sont favorables.

L'escadre commandée par M. de Macnemara est composée de trois vaisseaux et de trois frégates du port de Brest, et de trois vaisseaux du port de Rochefort. Deux de ces derniers ont été conduits à la rade de l'Isle d'Aix le 26 du mois passé, et le troisième a descendu la rivière le 13 de celui-ci. On doit espérer que les deux premiers seront à Brest ce mois-ci, et que le dernier y arrivera dans les premiers jours d'avril.

La frégate La Diane qui doit aller à Louisbourg et ensuite à Québec, d'où elle reviendra au devant de M. Du Bois de La Mothe, étoit prête à partir des rades de La Rochelle, dès le 20 février. Les vents lui ont été contraires jusqu'au 13 mars qu'elle a mis à la voile avec un vent favorable.

La Fidèle, qui doit également précéder en Canada l'arrivée de l'escadre, est prête et n'attend pour partir que M. Bigot, intendant de la colonie, qui doit s'y embarquer, et qui n'étoit resté ici que pour y concerter toutes les dispositions nécessaires, relativement aux troupes qui vont passer en Canada.

Quoiqu'il y ait lieu de juger et même d'assurer en quelque manière que tout sera prêt à Brest pour le départ des escadres du 15 au 20 avril, il reste cependant à arriver dans ce port beaucoup de munitions et effets que l'on tire du Havre, du port Louis, de Rochefort et de Bayonne, dont le transport dépend de la navigation plus prompte ou plus lente des bâtiments sur lesquels sont chargés ces munitions et effets.

Tous les approvisionnements d'habillements et d'ustensiles des troupes que l'on a fait faire à Paris sont transportés sur des rouliers, dont quelques-uns sont déjà arrivés à Brest, et tous les autres sont en route pour y arriver successivement, il n'en reste plus à faire partir de Paris.

Comme il a été réglé par Sa Majesté que, des six bataillons qui s'embarquent à Brest, il n'y en aura que quatre qui iront en Canada, et que les deux autres iront à l'Isle Royale, ce dont le commandant de l'escadre et celui des troupes ne doivent avoir connoissance que par les paquets qu'ils ouvriront sur le Grand-Banc; on a été obligé de former plusieurs arrangements pour que la division de l'escadre puisse être faite sans confusion.

Le premier arrangement a été de déterminer quels seront les vaisseaux sur lesquels chaque bataillon sera embarqué, et l'on a observé de destiner pour la division qui ira à l'Isle Royale les vaisseaux qui tirent le plus d'eau, dont la navigation auroit été difficile dans le fleuve Saint-Laurent. On a aussi déterminé en même temps que l'hôpital de mer pour les troupes, dans la traversée qui d'abord devoit être sur un seul vaisseau, seroit partagé sur deux vaisseaux.

La division pour le Canada sera composée des vaisseaux ci-après :

L'Entreprenant....	74 canons,		Monsieur le commandant Du Bois de la Mothe.
L'Alcide.........	64 canons,		
L'Algonkin.	64	réduit à 24	Transportant le bataillon de la reine et celui de Languedoc.
L'Actif	64	" 22	
Le Lys...........	64	" 22	
L'Illustre.........	64	" 22	Le bataillon de Guyenne et celui de Béarn.
L'Opiniastre.	64	" 22	
Le Léopard	64	" 22	
L'Apollon.........	50	" 12	Hôpital.
La Sirène.........	30	....	Frégate.

La division pour l'Isle Royale sera alors :

Le Bizarre........	64 canons,		M. Perrier de Salvest.
Le Défendeur......	74	réduit à 24	Transportant le bataillon d'Artois et celui de Bourgogne.
Le Dauphin royal..	74	" 24	
L'Espérance.......	74	" 24	
L'Aquilon.........	40	" 12	Hôpital.
La Comète........	30	....	Frégate.

Mais comme la division de l'escadre doit être entièrement ignorée avant le départ, les états arrêtés à cette occasion comprennent tous les vaisseaux de transport, et les six bataillons qui y seront embarqués ; ils sont ci-joints :

No. 1. Il avoit été donné ordre en général par rapport aux approvisionnements pour les troupes de les répartir sur tous les vaisseaux, de manière que chaque espèce d'effets fût séparée sur plusieurs vaisseaux, afin d'éviter d'en manquer d'une même espèce s'il venoit à arriver malheur à quelque vaisseau, et cet ordre général auroit été suffisant si toute l'escadre eût eu la même destination, mais la division des troupes entre le Canada et l'Isle Royale, dont il est important de ne point donner connoissance, a exigé d'arrêter à Versailles la répartition à faire sur chaque vaisseau.

No. 2. L'état ci-joint No. 2 comprend sommairement tout ce qui doit être embarqué sur les vaisseaux au delà de ce qui concerne leur armement en celui

No. 3. Est la répartition générale qui a été dressée pour que les divisions de l'escadre ayant chacune ce qui lui est nécessaire. On travaille aux états particuliers, un pour chacun des quatorze vaisseaux, de ce qui devra y être embarqué relativement à la répartition générale, et ces états seront envoyés dans le port lundi prochain.

A mesure que l'on conduit des vaisseaux en rade à Brest et à Rochefort, le travail diminue dans le port pour les mouvements de l'armement. On a déjà congédié quelques ouvriers, et les autres se répartissent chaque jour, tant aux ouvrages de construction qui avoient été interrompus qu'aux radoubs des vaisseaux que les circonstances pourroient encore exiger d'armer, s'il y avoit apparence de guerre avec les Anglois : ce qui consiste en six vaisseaux à Brest et quatre à Rochefort, faisant dix vaisseaux, outre huit à dix frégates, indépendamment de ce qui concerne le port de Toulon.

ÉTAT de l'embarquement des troupes au port de Brest en avril 1755, savoir :

			La Reine		Artois		Bourgogne		Languedoc		Guyenne		Béarn		Total	
			Nombre des		Nombre des		Nombre des		Nombre des		Nombre des		Nombre des		Nombre des	
			Comp.	Troupes.	Comp.	Troupes.	Comp.	Troupes.	Comp.	Troupes.	Comp.	Troupes.	Comp.	Troupes.	Comp.	Troupes.
74	Le Défenseur.....	Beausier de l'Isle, capitaine......	....	....	9	360	....	....	....	....	....	....	....	....	9	360
74	Le Dauphin royal.	de Montalais, capitaine......	....	....	....	....	9	360	....	....	....	....	....	....	9	360
74	L'Algonkin......	de La Villeon, capitaine......	9	360	....	....	....	....	....	....	....	....	....	....	9	360
74	L'Espérance......	Jubert de Bouville, capitaine......	....	....	4	165	4	165	....	....	....	....	....	....	8	330

64	L'Actif.........	Chevalier de Caumont, capitaine......	....	....	....	....	....	....	9	360	....	....	....	....	9	360
64	L'Illustre.......	Marquis de Choiseul-Praslin, capitaine..	....	....	....	....	....	....	....	....	9	360	....	....	9	360
64	L'Opiniastre....	de Moëlien, capitaine......	....	....	....	....	....	....	....	....	....	....	9	360	9	360
64	Le Lys.........	de Lorgeril, capitaine......	4	165	....	....	....	....	4	165	....	....	....	....	8	330
64	Le Léopard......	de Chifferal, capitaine......	....	....	....	....	....	....	....	....	4	165	4	165	8	330
			13	525	13	525	13	525	13	525	13	525	13	525	78	3150

ÉTAT

des officiers de la marine et des troupes de terre qui seront embarqués sur les vaisseaux ci-après, savoir :

LE DÉFENSEUR

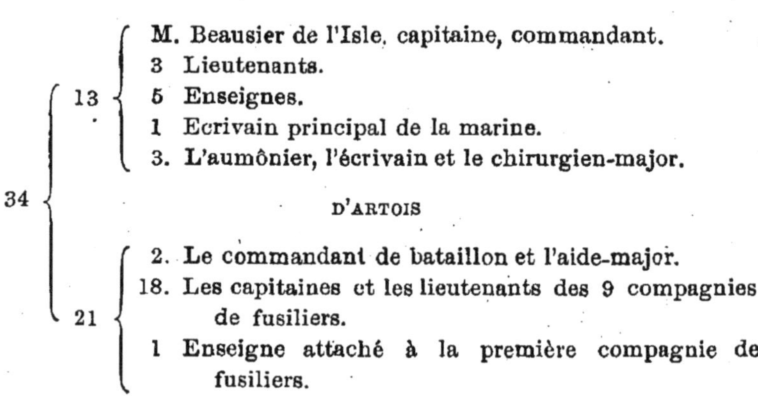

34 {
13 {
M. Beausier de l'Isle, capitaine, commandant.
3 Lieutenants.
5 Enseignes.
1 Ecrivain principal de la marine.
3. L'aumônier, l'écrivain et le chirurgien-major.

D'ARTOIS

21 {
2. Le commandant de bataillon et l'aide-major.
18. Les capitaines et les lieutenants des 9 compagnies de fusiliers.
1 Enseigne attaché à la première compagnie de fusiliers.

LE DAUPHIN ROYAL

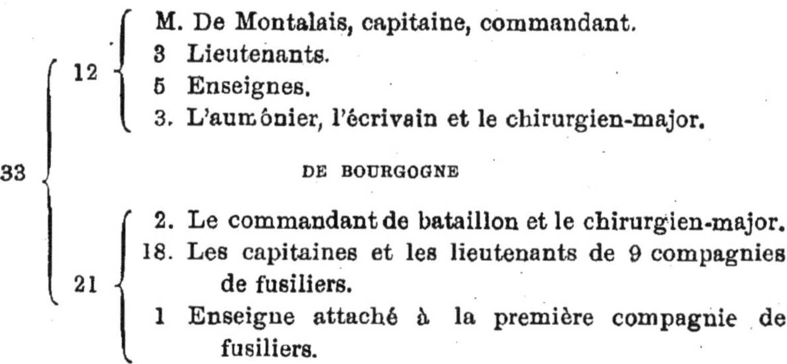

33 {
12 {
M. De Montalais, capitaine, commandant.
3 Lieutenants.
5 Enseignes.
3. L'aumônier, l'écrivain et le chirurgien-major.

DE BOURGOGNE

21 {
2. Le commandant de bataillon et le chirurgien-major.
18. Les capitaines et les lieutenants de 9 compagnies de fusiliers.
1 Enseigne attaché à la première compagnie de fusiliers.

L'ALGONKIN

33 { 12 {
M De la Villeon, capitaine, commandant.
3 Lieutenants.
5 Enseignes.
3. L'aumônier, l'écrivain et le chirurgien-major.

DE LA REINE

21 {
2. Le commandant de bataillon et l'aide-major.
18. Les capitaines et les lieutenants des 9 compagnies de fusiliers.
1 Enseigne attaché à la première compagnie de fusiliers.

L'ESPÉRANCE

32 { 12 {
M. Jubert de Bouville, capitaine, commandant.
3 Lieutenants.
5 Enseignes
3. L'aumônier, l'écrivain et le chirurgien-major.

D'ARTOIS

10 {
3. Les capitaine, lieutenant et sous-lieutenant des grenadiers.
6. Les capitaines et les lieutenants de trois compagnies de fusiliers.
1 Enseigne attaché à la seconde compagnie de fusiliers.

DE BOURGOGNE

10 {
3. Les capitaine, lieutenant et sous-lieutenant des grenadiers.
6. Les capitaines et les lieutenants de trois compagnies de fusiliers.
1 Enseigne attaché à la 2e compagnie de fusiliers.

L'ACTIF

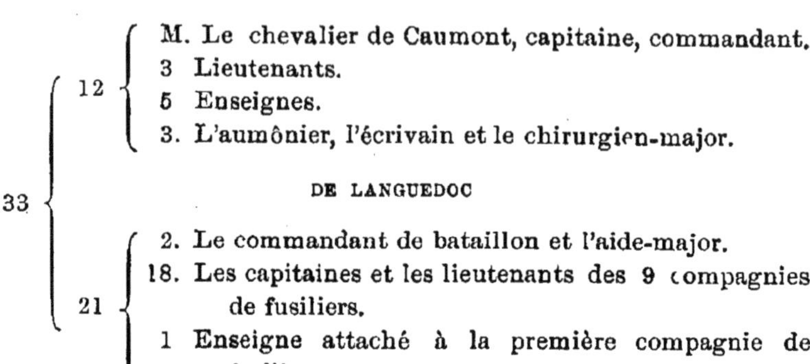

33 {

12 {
M. Le chevalier de Caumont, capitaine, commandant.
3 Lieutenants.
5 Enseignes.
3. L'aumônier, l'écrivain et le chirurgien-major.

DE LANGUEDOC

21 {
2. Le commandant de bataillon et l'aide-major.
18. Les capitaines et les lieutenants des 9 compagnies de fusiliers.
1 Enseigne attaché à la première compagnie de fusiliers.

L'ILLUSTRE

33 {

12 {
M. le marquis de Choiseul-Praslin, capitaine, commandant.
3 Lieutenants.
5 Enseignes.
3. L'aumônier, l'écrivain et le chirurgien-major.

DE GUYENNE

21 {
2. Le commandant de bataillon et l'aide-major.
18. Les capitaines et les lieutenants des 9 compagnies de fusiliers.
1 Enseigne attaché à la première compagnie de fusiliers

L'OPINIASTRE

- 33
  - 9
    - M. de Moëlien, capitaine, commandant.
    - 3 Lieutenants.
    - 5 Enseignes.
  - 12
    - 9. D'autre part.
    - 3. L'aumônier, l'écrivain et le chirurgien-major.

DE BÉARN

  - 21
    - 2. Le commandant de bataillon et l'aide-major.
    - 18. Les capitaines et les lieutenants de 9 compagnies de fusiliers.
    - 1 Enseigne attaché à la première compagnie de fusiliers.

LE LYS

- 32
  - 12
    - M. de Lorgeril, capitaine, commandant.
    - 3 Lieutenants.
    - 5 Enseignes.
    - 3. L'aumônier, l'écrivain et le chirurgien-major.

DE LA REINE

  - 10
    - 3. Les capitaine, lieutenant et sous-lieutenant des grenadiers.
    - 6. Les capitaines et les lieutenants de trois compagnies de fusiliers.
    - 1 Enseigne attaché à la deuxième compagnie de fusiliers.

DE LANGUEDOC

  - 10
    - 3. Les capitaine, lieutenant et sous-lieutenant des grenadiers.
    - 6. Les capitaines et les lieutenants de trois compagnies de fusiliers.
    - 1 Enseigne attaché à la deuxième compagnie de fusiliers.

LE LÉOPARD

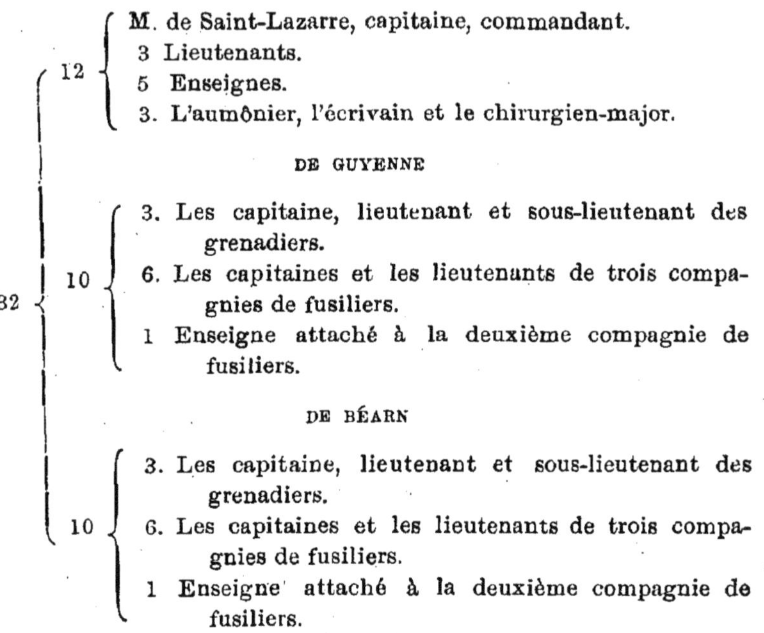

32

12

M. de Saint-Lazarre, capitaine, commandant.
3 Lieutenants.
5 Enseignes.
3. L'aumônier, l'écrivain et le chirurgien-major.

DE GUYENNE

10

3. Les capitaine, lieutenant et sous-lieutenant des grenadiers.
6. Les capitaines et les lieutenants de trois compagnies de fusiliers.
1 Enseigne attaché à la deuxième compagnie de fusiliers.

DE BÉARN

10

3. Les capitaine, lieutenant et sous-lieutenant des grenadiers.
6. Les capitaines et les lieutenants de trois compagnies de fusiliers.
1 Enseigne attaché à la deuxième compagnie de fusiliers.

Fait et arrêté à Versailles,
le 15 mars 1755.

Porté au roi, le 22 mars 1755.

NOUVELLES

Indépendamment des arrangements qui ont été faits au port de Brest, et dont on rend compte à Sa Majesté par un autre mémoire, tant pour l'armement des vaisseaux que pour l'embarquement des troupes et de leurs approvisionnements, il y en a d'autres à prendre qui doivent avoir pour objet les instructions à donner à

MM. de Macnemara et Du Bois de La Mothe pour leur navigation, celle de M. le baron de Dieskau et celle de M. de Vaudreuil, gouverneur général.

Les instructions de MM. de Macnemara et Du Bois de La Mothe doivent rouler sur quatre points : la partance de Brest, la séparation d'entre M. de Macnemara et M. Du Bois de La Mothe, le détachement à faire de la division de M. Du Bois de La Mothe pour l'Isle Royale, et la disposition concernant le retour de toutes les divisions en France. Ces quatre points doivent être décidés sur un mémoire particulier à rapporter au Conseil. On dressera tout de suite les projets des instructions relativement à la décision qui sera donnée, et on les mettra sous les yeux de Sa Majesté pour avoir son approbation. On lui rendra compte en même temps de tous les ordres particuliers qui devront les accompagner, car il en faudra tant pour le détachement à faire pour l'Isle Royale que pour les rendez-vous à donner à chaque vaisseau des différentes divisions, relativement à leurs destinations respectives. Les ordres pour le détachement de l'Isle Royale ne seront ouverts que dans le parage qui sera indiqué à M. Du Bois de La Mothe, en conséquence de ce qui aura été réglé à cet égard, et ceux pour les rendez-vous ne le seront qu'en cas de séparation.

Les instructions à donner à Monsieur de Dieskau ont deux objets : le premier concerne le commandement des troupes de terre, leur police, leur discipline et leur service journalier ; le second est la conduite que le baron de Dieskau aura à tenir avec M. de Vaudreuil, gouverneur général.

L'instruction sur le premier objet a été expédiée par le ministre de la guerre : celle qui a rapport au second l'a été par le ministre de la marine ; et la communication en a été faite de part et d'autre. On joint ici le projet de celle qui sera donnée par le ministre de la marine, et qui est relative à l'autre ; et l'on y joint pareillement l'ordonnance dont il est fait mention, et qui a été concertée entre les deux ministres et expédiée par l'un et par l'autre.

A l'égard des instructions et des ordres à donner à M. de Vaudreuil, on a cru devoir les partager en trois parties, c'est-à-dire lui expédier trois instructions séparées.

Dans l'une on lui prescrit la conduite qu'il doit tenir par rapport aux troupes de terre, et le projet en est ci-joint. Cette instruction est relative et conforme aux arrangements concertés avec M. D'Argenson sur cette matière, et expliquée dans les instructions de M. le baron de Dieskau.

La seconde instruction de M. de Vaudreuil doit contenir les ordres de Sa Majesté sur ce qu'il y aura à faire par rapport aux affaires des Anglois ; mais ces ordres devant être réglés suivant les circonstances de ce qu'on pourra savoir des dispositions des Anglois, on n'en formera le projet que le plus tard qu'on pourra. On observe seulement qu'il sera nécessaire que cette instruction puisse être envoyée à Brest dans les deux ou trois premiers jours du mois prochain, au plus tard.

Et dans la troisième instruction on explique à M. de Vaudreuil les intentions de Sa Majesté sur les parties de l'administration ordinaire du gouvernement ; et l'on joint ici l'extrait de quelques articles nouveaux qui ont paru devoir y être insérés pour détruire certains préjugés qui ont été reconnus contraires au bien du service sur le gouvernement particulier des sauvages.

Si Sa Majesté veut bien donner son approbation aux projets qu'on lui présente, il restera à lui rendre compte de ceux qui seront dressés en conséquence des ordres qu'elle donnera, tant pour les instructions de MM. de Macnemara et Du Bois de La Mothe que pour l'instruction particulière de M. de Vaudreuil, concernant les affaires des Anglois.

A M. DE BOMPART

A Versailles, le 17 février 1755.

Les nouvelles publiques vous auront instruit, monsieur, des mouvements qu'il y a depuis quelque temps sur nos frontières de Canada, et particulièrement du côté de la rivière d'Ohio *.

Le roi d'Angleterre a fait donner les assurances les plus positives que les troupes envoyées à la Virginie et les autres dispositions qui se font dans ces pays-là, n'ont d'autres objets que de défendre ses colonies contre

* La Cour d'Angleterre ayant destiné deux bataillons de troupes réglées pour la Virginie et fait d'autres dispositions dans cette colonie et dans celles qui en sont voisines, le roi à pris le parti d'envoyer un renfort de six bataillons de troupes de terre en Canada, et Sa Majesté se propose de les faire partir au mois d'avril prochain, sous l'escorte d'une escadre de ses vaisseaux.

les invasions dont elles se prétendent menacées de la part du Canada.

Sa Majesté est de son côté bien éloignée de souffrir qu'on entreprenne aucune invasion sur ses voisins. Elle donnera ses ordres pour qu'on se tienne en Canada sur la plus exacte défensive. Mais quoiqu'elle soit effectivement résolue de se borner ainsi à défendre ses droits à ses possessions, elle ne peut pas se flatter, surtout après ce qui s'est passé l'année dernière du côté de la rivière d'Ohio, qu'on ne sera pas obligé de faire usage des forces qu'elle envoie en Canada.

Les dispositions que Sa Majesté bien-aimée ne cesse de faire paroître pour la conservation de la paix doivent cependant faire espérer que toutes les discussions concernant les limites des colonies respectives dans l'Amérique septentrionale pourront s'arranger sans qu'il en vienne à une rupture ouverte. Il est même question actuellement entre les deux Cours de nouvelles propositions à cet égard.

Mais dans l'incertitude des événements, Sa Majesté m'a ordonné de vous marquer de sa part que son intention est que vous vous prépariez à tous ceux qui pourront arriver ; que vous redoubliez de soins et d'attention pour pourvoir, autant qu'il sera possible, à tous les objets relatifs à la défense de votre gouvernement, que vous preniez des précautions pour être informé de ce qui se passera dans les colonies angloises de votre voisinage ; que vous vous teniez en garde contre toute surprise ; mais que vous observiez en même temps dans toutes les dispositions que vous ferez de ne point laisser soupçonner que vous avez reçu des ordres à cet égard.

Vous aurez agréable de me rendre compte de ce que vous ferez sur cela ; et j'aurai soin de vous faire savoir les circonstances dont il convient que vous soyiez instruit avec les nouveaux ordres qu'elles pourront exiger.

Mais comme dans tous les cas il est nécessaire que le roi soit en état de prendre un parti sur ce qui peut intéresser la sûreté de votre gouvernement, Sa Majesté désire que vous m'envoyiez par la première occasion et avec les précautions convenables, un tableau qui présente la situation où il est relativement à cet objet, le plan des dispositions que vous vous proposez de faire en cas de guerre, et l'état des secours dont vous pourrez avoir besoin.

Si Sa Majesté approuve qu'on écrive cette lettre aux gouverneurs des colonies, autres que le Canada, il paroît nécessaire d'ajouter à M. de Bompart, gouverneur des Isles du Vent, l'article suivant :

Et comme dans tous les cas aussi il faut s'attendre que les Anglois ne perdront point de vue leurs projets sur les isles contentieuses, particulièrement sur Sainte-Lucie, le roi veut que vous vous conformiez aux ordres que Sa Majesté vous a déjà donnés à ce sujet, non seulement dans le cas où les Anglois feroient quelqu'entreprise sur quelqu'une de ces isles, mais encore sur la première nouvelle certaine que vous pourriez avoir d'une rupture de leur part.

Les ordres qu'on rappelle dans cet article ont pour objet Sainte-Lucie. Il a été prescrit en effet dans plusieurs occasions à M. de Bompart d'être toujours sur ses gardes par rapport à cette isle, afin de ne pas s'y laisser prévenir par les Anglois ; de prendre à cet effet toutes les mesures possibles pour être informé des mouvements qu'ils pourront faire, et être en état de les y prévenir lui-même à la première occasion.

Idem à M. le marquis de Vaudreuil et à M. de Kerlerec, en supprimant le dernier article.

(non signé)

LU AU CONSEIL

21 mars 1755.

Dans le projet général arrêté pour l'armement actuel, les vingt-cinq vaisseaux qui seront en rade à Brest vers le 15 avril devoient mettre tous à la voile en même temps. M. Du Bois de La Mothe, faisant la route avec sa division destinée pour le Canada et composée de seize vaisseaux, et M. de Macnemara le suivant avec la sienne de 9 vaisseaux ou frégates, jusqu'au parage où M. Du Bois de La Mothe jugeroit n'avoir plus besoin d'escorte.

La partance a été ainsi réglée dans l'espérance que les Anglois n'auroient peut-être pas le temps de mettre assez de vaisseaux à la mer pour s'y opposer. On se flattoit aussi de trouver dans le ministère britannique des dispositions moins prochaines à une rupture que celles qu'on a lieu de lui soupçonner sur les dernières nouvelles de M. le duc de Mirepoix.

Quelques oppositions qu'on ait à craindre de la part des Anglois, il paroît que l'on doit s'en tenir à cet arrangement. Il pourroit y avoir de grands inconvénients à diviser le convoi. Il courroit plus de danger, non pas pour la totalité, mais du moins pour une partie, dans le cas où les Anglois auroient entrepris d'empêcher son départ. Il y auroit beaucoup d'incertitude pour sa réunion, et cette division seroit surtout capable de donner beaucoup d'inquiétudes aux troupes de terre. Tout ce qu'on pourra faire de mieux à cet égard, ce sera de s'en rapporter à la prudence des commandants, sur les nouvelles qu'on pourra leur donner de ce que nous apprendrons d'Angleterre, sur celles qu'ils pourront se procurer eux-mêmes du côté de la mer, et sur les mesures qu'ils jugeront devoir prendre en conséquence. Ils seront à portée et en état de déterminer suivant les circonstances, et il ne paroît pas que l'on puisse présentement prendre d'autre résolution.

On ne peut pas différer celle qui doit être prise sur la proposition faite d'envoyer à l'Isle Royale deux des six bataillons destinés pour le Canada.

La garnison de cette petite colonie est de vingt-quatre compagnies françoises de cinquante hommes chacune, faisant un total de douze cents hommes, outre une compagnie de cinquante canonniers. Il n'y avoit avant la dernière guerre que sept cent cinquante hommes. Et M. de Drucour, actuellement gouverneur, ne demande qu'une augmentation de deux compagnies pour les envoyer à l'Isle Saint-Jean.

Il est pourtant certain que deux bataillons des troupes de terre pourront être très utilement employés, soit à la défense de Louisbourg, s'il vient à être attaqué avant que les fortifications de cette place soient finies, soit à accélérer les ouvrages de ces fortifications. Peut-être même que cette augmentation de garnison sera seule capable d'arrêter les projets des Anglois. Elle les mettroit du moins dans la nécessité de faire de beaucoup plus grands préparatifs pour l'exécution.

Le seul inconvénient qu'il y ait, c'est la difficulté de la subsistance, et ce seroit exposer cette colonie à la famine de ne pas la munir de vivres pour deux ans. Il faut les envoyer de France ; et ce ne seroit pas un embarras médiocre en cas de rupture. On prendra tout de suite toutes les mesures possibles sur cela, si les deux bataillons de troupes sont envoyés.

Il y a aussi, sur cet article, à régler comment on fera passer ces deux bataillons à l'Isle Royale. Cela devra dépendre du parti qui sera pris pour le départ de Brest.

Voici ce qu'on en peut dire pour le présent :

1° On pourroit faire aller toute la flotte, même l'escadre de M. de Macnemara, à Louisbourg ; d'où après le débarquement des deux bataillons et leurs approvisionnements, M. Du Bois de La Mothe continueroit sa route pour Québec avec les quatre bataillons, et M. de Macnemara l'escorteroit dans le golfe ou bien s'en reviendroit directement en Europe.

2° M. Du Bois de La Mothe pourroit, après s'être séparé de M. de Macnemara, faire route directement pour Louisbourg, et y débarquer les deux bataillons pour ensuite passer à Québec.

3° On peut faire détacher, vers le Grand-Banc, seulement, de la flotte de M. Du Bois de La Mothe les bâtiments sur lesquels seront embarqués les deux bataillons avec leurs approvisionnements, sous l'escorte d'un vaisseau ou d'un vaisseau et d'une frégate.

Dans les deux premiers arrangements, il est certain que l'Isle Royale seroit rassurée par la présence des deux divisions de MM. de Macnemara et Du Bois de la Mothe, et même par celle de M. Du Bois de La Mothe ; et l'arrivée de ces forces en imposeroit aux Anglois.

Mais il est certain aussi que tant de monde affameroit l'Isle Royale, surtout en rafraîchissements. D'ailleurs, on sait par expérience que ces sortes de relâches entraînent inévitablement beaucoup de retardements. Les besoins des vaisseaux s'y multiplient. On est toujours dans le cas d'y porter quelques malades aux hôpitaux, et de là, il y a toujours beaucoup de matelots et de soldats qui demandent à y aller *.

Dans ce cas, M. de Macnemara accompagneroit M. Du Bois de La Mothe jusqu'en delà des Caps, jusqu'aux Açores ou même jusque sur le Grand-Banc, suivant les circonstances.

Après avoir quitté M. Du Bois de La Mothe, il s'en reviendra en Europe.

* Ainsi le troisième arrangement paroît, du moins pour le présent, préférable aux deux autres.

Les vaisseaux de Louisbourg, d'abord après le débarquement, reviendroient aussi, soit dans les ports de France, soit au rendez-vous qui leur seroit donné avec M. de Macnemara.

Et M. Du Bois de La Mothe en useroit de même après le débarquement des troupes en Canada, où il laisseroit seulement un vaisseau, ou un vaisseau et une frégate.

La question sera de savoir si l'on fera revenir toutes ces divisions directement ou séparément dans nos ports, ou si on leur donnera un rendez-vous dans quelqu'un des ports d'Espagne, où l'on pourroit leur envoyer des ordres relatifs aux circonstances de ce qui se passeroit. Il paroît qu'on pourroit encore laisser cet article à la délibération des deux commandants qui en conviendroient avant leur séparation. On observe seulement qu'en laissant subsister les divisions pour le retour, les vaisseaux du roi courroient moins de risques que s'ils étoient rassemblés vis-à-vis des forces que les Anglois auront sans doute alors à la mer sur un pied de supériorité.

Quelque parti qu'on prenne pour faire passer les deux bataillons à Louisbourg, il faut toujours diriger l'embarquement des troupes, des approvisionnements et de l'argent pour la solde relativement à ce détachement.

Il faut décider si l'on n'en donnera pas le commandement au plus ancien commandant des deux bataillons, et si on ne le fera pas suivre par le second.

On ne peut pas proposer quant à présent d'autres arrangements sur tous ces objets. Il est encore moins possible d'en imaginer qui puissent mettre les vaisseaux à couvert de tous risques. Ces sortes d'expédition en entraînent toujours de très considérables, surtout dans des conjonctures semblables à celles où nous nous trouvons. Ces risques augmenteront à proportion du retardement qu'il y aura au départ des vaisseaux ; et il n'est rien de plus important que de le presser autant qu'il sera possible, si l'on veut suivre l'exécution du projet. On éprouve dès à présent l'avantage qu'il y a à cet égard d'avoir destiné pour le transport, des vaisseaux du roi, par préférence à des navires marchands ; car indépendamment des autres considérations qui ont déterminé Sa Majesté et son Conseil à cette préférence, il est certain qu'il n'auroit pas été possible de mettre avec des navires marchands l'approvisionnement au point où il est actuellement.

(Pièce non signée)

Xbre 1755.

La frégate La Sirène, qui est arrivée à Brest le 10 de ce mois, avoit mis à la voile de la rade de Québec le 8 de novembre ; mais on ne doit compter sa partance que du 12, parce que, contrariée par les vents jusqu'à ce jour-là, elle n'avait fait que le chemin que la marée lui faisait faire.

La frégate La Fidèle étoit partie auparavant, mais de fort peu de jours ; et c'est tout ce qu'on en sait jusqu'à présent.

Les lettres venues par La Sirène de la part de M. de Vaudreuil, gouverneur général, sont datées depuis le 17 septembre jusqu'au 2 novembre et sont toutes écrites de Montréal où ce gouverneur étoit encore. Les détails qu'elles contiennent de tout ce qui s'étoit passé jusqu'alors, roulent :

1° Sur l'affaire de M. de Dieskau, de laquelle M. de Vaudreuil envoie une relation circonstanciée :

Suivant la liste ci-jointe, nous n'avons eu dans cette affaire que quatre-vingt-quinze ou quatre-vingt-seize hommes de tués, et cent trente blessés ; et les Anglois y ont perdu de leur propre aveu plus de cinq cents hommes. Après l'action, nos troupes se sont retirées du côté du fort Saint-Frédéric, sans avoir été poursuivies, et M. de Vaudreuil a fait faire une espèce de camp retranché à quelques lieues en avant de ce fort. Les Anglois de leur côté sont restés dans leurs postes ; mais ils n'ont point tenté d'exécuter le projet d'attaquer le fort Saint-Frédéric.

2° Sur ce qui s'est passé du côté de l'Acadie :

Depuis la prise des forts de Beauséjour et Gaspareaux, les Anglois, voulant forcer les Acadiens de prendre les armes contre la France, ont usé de toute sorte de violence et de cruauté contre ces habitants, dont un assez grand nombre s'est retiré en différents endroits à l'intérieur des terres du continent où on leur a envoyé des secours du Canada.

Quoique le commandant de la rivière Saint-Jean ait pris le parti de brûler le fort pour empêcher qu'il ne tombât entre les mains des Anglois, il s'est pourtant maintenu sur cette rivière, et M. de Vaudreuil a pris des mesures pour en conserver la possession.

3° Sur ce qui s'est passé du côté des lacs :

Au moyen des troupes que M. de Vaudreuil avoit rassemblées sous le fort de Frontenac, dans la vue de faire le siège de Chouaguen, le gouverneur Shirley, qui s'étoit rendu à ce dernier poste avec un corps considérable de troupes pour attaquer tous nos forts sur les lacs, n'a osé en attaquer aucun ; et M. de Vaudreuil étoit informé qu'il s'étoit retiré avec toute son armée, à l'exception de la garnison qu'il a laissée à Chouaguen ; mais le mauvais succès de M. de Dieskau a empêché M. de Vaudreuil de faire attaquer ce dernier poste. Il se propose de faire cette entreprise dès le commencement du printemps prochain, s'il n'y trouve pas des obstacles insurmontables.

4° Sur ce qui s'est passé du côté de la Belle-Rivière :

Depuis la défaite du général Braddock plusieurs partis sauvages ont pénétré chez les Anglois, et y ont levé plusieurs chevelures, mais malgré la consternation que cette aventure a causée dans les colonies angloises, les nouvelles que M. de Vaudreuil en a reçues annoncent qu'on s'y prépare à faire, l'année prochaine, une nouvelle enterprise contre le fort Duquesne ; et il prend de son côté des mesures pour la défense de ce fort.

Il envoie des copies bien authentiques des papiers de général Braddock, et l'on y trouve l'instruction du roi d'Angleterre à ce général, une instruction particulière qui lui avoit été donnée aussi de la part du duc de Cumberland, plusieurs lettres écrites par ce même général aux ministres d'Angleterre, MM. de Newcastle, Robinson, Fox et Halifax ; et beaucoup d'autres pièces qui prouvent bien manifestement les projets du gouvernement britannique.

5° Sur les dispositions des sauvages :

En général M. de Vaudreuil en paroît fort content. Il ne désespère pas même de ramener les cinq nations Iroquoises à une neutralité.

Mais malgré le peu de succès que les Anglois ont eu cette année du côté du fort Saint-Frédéric, des lacs et de la Belle-Rivière, il s'attend à de nouveaux efforts de leur part l'année prochaine ; et il demande des secours considérables en troupes, artillerie, armes, munitions de guerre et de bouche.

(Pièce non signée)

1755

MÉMOIRE PAR M. DE BÉHAGUE, BRIGADIER DES ARMÉES DU ROI

Causes de la grande puissance des Anglois en Europe, dans les deux Indes et en Afrique ;

Moment favorable pour mettre un frein ; nécessité de l'union des deux branches de la maison de Bourbon, celles de France et d'Espagne ;

Projet de descendre en Angleterre par la France ;

Projet de conquête des colonies angloises par l'Espagne.

OBSERVATIONS POLITI-MILITAIRES SUR LA PUISSANCE BRITANNIQUE

On ne peut, dit milord Bolingbroke, donner ni prendre trop tôt l'alarme en Europe, quand il s'élève quelque puissance capable d'emporter la balance politique, car si une telle puissance n'est prévenue par la vigilance, et arrêtée de bonne heure par les forces réunies des autres états, il est à craindre qu'elle n'attaque séparément ceux qui pourroient lui porter ombrage, et qu'après les avoir successivement réunies, rien ne puisse plus s'opposer à ses entreprises, ni l'empêcher de consommer les projets de son ambition. Il est d'autant plus nécessaire de réveiller à ce sujet l'attention des politiques, que le point précis auquel la balance tourne, est imperceptible à une observation commune, et qu'il est difficile de s'apercevoir du changement avant qu'il se soit fait quelques progrès, suivant la nouvelle direction, de sorte que ceux mêmes qui ont le plus d'intérêt aux variations de cette balance s'y méprennent souvent, et continuent pendant quelque temps à craindre une puissance qui n'est plus en état de nuire, ou à n'avoir aucune appréhension d'une autre qui devient de jour en jour plus formidable.

Tel est l'avis important qu'un des plus grands politiques que l'Angleterre ait eu, donnoit à l'Europe il n'y a pas quarante ans, avis qu'il ne croyoit pas qu'on tourneroit contre sa propre patrie dont l'ambition n'éclatoit point encore, quoiqu'elle travaillât déjà depuis longtemps à fonder et élever cette puissance qui cherchoit à braver toutes les forces du continent, ce qui doit causer à ses peuples plus d'inquiétudes que ne leur en cause la grandeur des maisons d'Autriche et de Bourbon, dont on prit tant d'ombrage pendant le cours des deux derniers siècles.

Pourquoi donc l'Europe ne paroît-elle pas encore fort alarmée ? D'où parviennent sa sécurité et son indolence ? c'est qu'apparemment quoique l'on voie bien clairement les projets, les entreprises et les succès de l'Angleterre, on n'en appréhende pas assez les suites, parce qu'on ne considère pas l'espèce de puissance et de domination auxquelles elle aspire, et qu'on n'imagine point quelles entraves elle porteroit à la prospérité de tous les états du continent, si elle pouvoit parvenir à ses fins.

Sans imputer à cette nation le projet chimérique qu'on a, suivant milord Bolingbroke lui-même, faussement attribué successivement aux maisons d'Autriche et de Bourbon, on peut rapporter le véritable objet de son ambition, à des vues assez révoltantes pour alarmer et soulever tous les états qui ont intérêt à maintenir un certain équilibre entre les diverses puissances du monde.

En effet l'Angleterre tend à se former une puissance absolue pour exercer la domination la plus tyrannique qu'on ait encore vue en Europe. C'est ce qu'on va tâcher de développer.

DÉFINITION DE LA PUISSANCE ABSOLUE

On entend par puissance absolue, celle qui est, se soutient, agit et vaut par elle-même indépendamment de tous moyens étrangers et accidentels, et il n'y a de telles puissances que celles qui ont pour base un certain fond de population bien entretenue par l'exploitation des terres et par l'industrie des sujets de l'Etat. Toute autre puissance, uniquement fondée, par exemple, ou sur les forces militaires ou sur les intrigues de la politique, ou même sur un commerce d'économie et sur les richesses qu'il procure, ne peut être que précaire, et quoiqu'il soit possible qu'une telle puissance renverse tout, dans un instant, par un coup subit et violent, elle doit nécessairement céder à la longue à une puissance absolue qui sera seulement en état de résister à ses premiers efforts.

Il n'y a donc à proprement parler, de vraie puissance que la puissance absolue ; c'est elle qui fournit des forces à la puissance militaire pour faire des conquêtes et pour les conserver. C'est elle qui prête des moyens à la politique pour établir et soutenir le crédit d'une nation chez les autres, et pour les attirer et les attacher à son parti ; en un mot c'est elle qui est le principe de toutes les autres puissances, étant composée des seules vraies forces, et des seules richesses réelles de l'Etat, qui sont les hommes et les produits des exploitations de la terre et de l'industrie des sujets.

Telle est l'espèce de puissance que l'Angleterre affecte et qu'elle s'efforce de porter au plus haut point possible.

Si l'on réfléchit sur la nature et la force des moyens qu'elle emploie pour y réussir ; si l'on considère que c'est là l'objet du système de son gouvernement, de son administration économique, de sa politique extérieure, de ses entreprises et de ses conquêtes, on ne sera pas surpris des progrès qu'elle a déjà faits, mais on sera effrayé de la rapidité de ceux qu'elle peut encore faire.

Il y a déjà longtemps que l'Angleterre se conduit sur un plan qui doit porter sa puissance au plus haut degré de sa grandeur, et il y a apparence qu'elle continuera à se gouverner de même tant que des révolutions imprévues ne démembreront point son domaine, ou ne changeront pas la constitution de son gouvernement, et tant que le poids de sa propre grandeur ne l'accablera pas, ou que sa prospérité ne corrompra point les principes de son administration.

ACTE DE 1660

PREMIÈRE ÉPOQUE DU BONHEUR DE LA NATION ANGLOISE

La première époque des progrès naturels dont l'Angleterre est redevable dans le principe à sa constitution, à son système et à sa conduite soutenue, est le fameux acte de navigation passé en 1660, dont l'objet fut d'assurer à la Grande-Bretagne le commerce exclusif de ses colonies qui jusque là avoit été presque abandonné aux autres nations, et d'étendre le plus qu'il seroit possible sa navigation marchande, en restreignant tant qu'on pourroit celle des autres peuples. Ce sage statut bien exécuté produisit les plus heureux effets.

AVANTAGES QUI EN SONT RÉSULTÉS

Le premier fut que dès ce moment l'Angleterre retira tout l'avantage qu'elle pouvoit espérer de l'établissement et de l'entretien de ses colonies qui, ne recevant plus rien de leur métropole, et ne consommant plus que des denrées de son cru et de sa fabrique, firent valoir infiniment l'exploitation de ses terres et l'industrie de ses sujets ; et qui, lui réservant pour ses retours toutes les denrées et marchandises de leur cru et de leur fabrique, pourvurent à la plus grande partie de ses besoins, lui fournirent en outre la matière d'une exportation considérable à l'étranger, et lui procurèrent ainsi les moyens de solder avantageusement son commerce extérieur, et de faire entrer abondamment chez elle l'argent des autres nations.

Le deuxième effet que produisit l'exécution de l'acte de navigation fut de donner beaucoup plus d'emploi qu'auparavant à la marine marchande d'Angleterre, de multiplier prodigieusement chez cette nation l'espèce de gens de mer, et de la mettre ainsi en état de former et d'entretenir cette marine militaire à l'appui de laquelle elle ose tant entreprendre.

ACTE DE 1689

DEUXIÈME ÉPOQUE DE LA PROSPÉRITÉ DE L'ANGLETERRE

La seconde époque des progrès de la prospérité de la grandeur de l'Angleterre est l'acte passé en 1689, qui accorde une qualificaticn pour l'exportation sur des vaisseaux de la nation, des grains du pays quand leur prix est au-dessous d'un certain taux.

Au moyen de cet encouragement on vit tout à la fois les cultures s'étendre, et la navigation s'accroître. La face de l'Angleterre changea. Des communes incultes ou mal cultivées ; des champs, des pâturages arides ou déserts devinrent des champs fertiles et des prés riches. Les défrichements mirent toutes les campagnes en valeur, et l'amélioration des terres en doubla le revenu. Ainsi ce royaume n'éprouva plus de disette et ne fut plus obligé d'acheter comme autrefois des blés étrangers pour la subsistance des habitants. Des moissons abondantes et certaines le mirent au contraire en état de porter des grains aux nations qui en manquent, et de soutenir par cette précieuse branche de commerce, la concurrence de la Pologne, du Danemark, de Hambourg, de l'Afrique et de la Sicile. A proportion de ce que la culture augmenta, elle employa plus de chevaux, de bœufs, de mcutons pour lalourer et engraisser les terres, autre accroissement de richesses aussi précieux pour la consommation intérieure que pour le commerce extérieur. L'exportation à l'étranger ne pouvant s'en faire que par des bâtiments de la nation, la navigation marchande s'étendit ; l'augmentation du nombre des gens de mer facilita des pêcheries, tant sur les côtes que sur les parages éloignés, nouvelles écoles et pépinières de matelots qui fournirent ensuite des sujets pour la marine militaire, dont la puissance devint de jour en jour d'autant plus formidable qu'elle étoit mieux fondée, ses progrès n'étant jamais que proportionnels à l'accroissement des richesses et de la population de l'Etat.

Ces statuts n'ont pas cessé d'être exécutés depuis qu'ils ont été rendus. Si des règlements postérieurs en ont étendu, restreint ou modifié quelques dispositions, ils en ont toujours conservé l'esprit.

Tels sont les principes par lesquels l'Angleterre, constamment gouvernée depuis cent ans, s'élève au plus haut degré de la puissance absolue, ce qui n'est pas, comme on voit, l'ouvrage peu solide et peu durable d'un grand prince ou d'un ministre habile, dont le règne ou l'administration passe bientôt, mais le fruit d'un gouvernement bien constitué, bien systématique et bien administré, qui tend continuellement à un but certain par des moyens sûrs et presque sans écarts.

On ne voit pas que jusque là il n'y ait rien à reprocher à l'Angleterre. Ce n'est qu'à la bonté de son gouvernement qu'elle doit les progrès de sa prospérité et de sa grandeur ; elle a cherché à tirer le plus grand parti possible de l'exploitation de ses domaines et de l'industrie de ses sujets pour accroître continuellement ses richesses et sa population, ce qui n'est pas moins conforme aux principes du droit naturel qu'à ceux de la saine politique.

ACCROISSEMENT EXTÉRIEUR DE LA PUISSANCE BRITANNIQUE

Mais l'ambition croissant avec la grandeur, la nation angloise, après s'être fortifiée intérieurement et être parvenue à un certain degré de puissance, s'est bientôt trouvée trop resserrée dans les Isles Britanniques, et sentant que si elle se tenoit resserrée dans de si étroites bornes, elle ne pourroit jamais faire tête à de plus grands états auxquels elle a affaire, elle a résolu de s'agrandir au dehors et de s'étendre au delà des mers.

Tel est l'objet de ses projets, de ses entreprises et de ses conquêtes dans les Indes orientales et occidentales. Ce ne sont plus de simples colonies qu'elle veut établir, mais de vastes empires qu'elle prétend se former dans les autres parties du monde, pour suppléer au défaut d'étendue de ses états en Europe. C'est ainsi qu'il faut considérer aujourd'hui son agrandissement en Asie, en Afrique et en Amérique. Quel redoutable empire par exemple ne s'établiroit-elle pas dans la partie septentrionale de ce vaste pays, si après s'être emparée de l'Isle Royale, du Canada, de la Floride, elle envahissoit encore la Louisiane, les Grandes Antilles, et se rendoit maîtresse de cette riche partie du Nouveau-Monde. Rien n'est plus capable d'étonner et de fixer l'attention des autres états que la rapidité des progrès avec lesquels elle pousse l'établissement de ses colonies. Celles qu'elle possède dans l'Amérique septentrionale ont déjà près de trois millions d'hommes, quoiqu'il n'y ait guère plus de cent ans qu'elles soient fondées. Quel prodigieux accroissement de population, de richesses, de puissance ne peut-elle donc pas se promettre de ses conquêtes, si l'on souffre qu'elle les conserve et qu'elle en tire tout l'avantage qu'elle est capable d'en tirer, dont le moindre seroit d'exercer par son commerce un monopole général.

Ce n'est pas qu'on imagine qu'elle s'avise jamais d'appeler des autres parties du monde, des armées pour faire la guerre en Europe, ce qui cependant ne lui seroit pas plus difficile que de faire passer des troupes d'Europe dans les autres parties du monde ; mais les colonies sans lui fournir de secours en hommes, ne la mettent pas moins en état de faire de bien plus grands efforts contre les autres puissances, qu'elle n'en pourroit faire si elle n'en possédoit aucune. En effet, les grands avantages qu'elle retire de ses productions extérieures par la voie du commerce, lui procurent les moyens d'augmenter sa propre population beaucoup au delà des bornes naturelles et circonscrites de son domaine d'Europe. C'est cette population surabondante et entretenue en Europe par l'exploitation des colonies qu'elle possède dans les autres parties du monde, qui lui donne tant de supériorité sur d'autres peuples, qui sont en réalité plus puissants en Europe, mais n'ayant pas de colonies ou ne sachant pas les faire valoir, n'ont pas les mêmes ressources, sans lesquelles l'Angleterre n'eût pu trouver le moyen d'entretenir une marine considérable, de faire passer des troupes dans toutes les parties du monde, d'y faire des conquêtes, et de fournir encore à ses alliés des secours pour soutenir la guerre dans le continent d'Europe. Si elle exécute déjà tant de choses avec succès, que ne pourra-t-elle pas entreprendre quand ses colonies, devenant des empires, multiplieront de plus en plus ses forces et ses richesses, et la porteront enfin au degré de la plus absolue puissance. Les progrès accélérés de cette nation, si on ne les arrête, surprendront alors l'Europe endormie, mais lui ouvriront trop tard les yeux sur ses véritables intérêts, et sur sa négligence irréparable.

NÉCESSITÉ D'Y METTRE UN FREIN, MOMENT FAVORABLE

Pourquoi donc tarder à mettre un frein à l'ambition démesurée de l'Angleterre, lorsqu'il en est temps encore, et que les circonstances semblent favorables à la France et à l'Espagne pour s'en approprier la gloire ?

SITUATION ACTUELLE DE L'ANGLETERRE A PROUVER PAR DES DÉTAILS PARTICULIERS

La nation angloise fait preuve en ce moment de crainte et de faiblesse. Elle temporise par ses négociations en même temps qu'absorbée de dettes, elle arme de toutes parts. Cette contrainte est l'effet momentané d'une administration divisée, qui s'est écartée des vrais principes. Le gouvernement sait que l'empire des mers qu'il a usurpé ne peut appartenir qu'à la force et à la prudence qui font les titres de possession, mais tout état puissant en armes sur terre a le droit de l'acquérir.

RESSOURCES DR LA FRANCE

La France en jouit plus que tout autre par le nombre et la valeur de ses troupes, par ses anciennes et nouvelles frontières, par sa position sur l'Océan et sur la Méditerranée ; par les ports et arsenaux qu'elle a sur les mers ; par l'état renaissant de ses forces navales ; enfin par son alliance avec l'Espagne qu'elle doit et qui la doit mutuellement soutenir dans l'entreprise, seule capable d'en imposer à une nation altière autant que sa rivale, en allant lui enlever ses colonies ou la combattre dans ses propres états.

PROJETS SUR L'ANGLETERRE ET SUR LES POSSESSIONS EXTÉRIEURES

Conquêtes des colonies angloises réservées à l'Espagne

Le moyen d'assurer le succès d'un projet aussi digne de la maison de Bourbon, seroit de commencer par porter les forces maritimes de l'Espagne sur les colonies qui appartiennent à l'Angleterre, tandis que ses vaisseaux à mettre en commission ne sont qu'imparfaitement armés par le manque d'équipage et d'approvisionnements.

DESCENTE EN ANGLETERRE RÉSERVÉE A LA FRANCE

Il en résulteroit leur conquête prochaine, ou la nécessité aux Anglois de disperser leurs forces pour aller au secours de leurs colonies attaquées. Dans ce cas la

France tenteroit avec célérité l'exécution du projet qui doit venger les insultes faites au pavillon de son roi, et rendre à sa marine l'éclat imposant que lui avoient procuré MM. de Colbert et de Seignelai.

DÉTAILS SUCCINTS RELATIFS A LA DESCENTE PROPOSÉE.

Le point d'attaque devroit être naturellement au plus étroit de la Manche, en faisant la descente au pays de Kent, comme le plus à portée de Londres dont la possession décida la destinée du royaume.

Mais dans l'occurrence, la France n'ayant aucun port dans la Manche, susceptible d'un embarquement considérable et tout à la fois en état de servir de retraite aux vaisseaux de ligne, il faudrait évidemment que celui de Brest en fut le chef-lieu, et que de ce port et de sa rade ou de celles qui l'avoisinent dépendit le principal embarquement.

Néanmoins pour diviser les forces qui, dans l'hypothèse, resteroient à l'Angleterre et les fixer à la conservation de Londres, il serait conséquent de former aux environs du Pas de Calais un simulacre d'embarquement qui, par la diversion qu'il occasionneroit, faciliteroit d'autant le succès de la descente principale, laquelle ayant son effet, trouveroit moins d'empêchement pour pénétrer dans le pays.

Le point proposé pour le débarquement expédié de Brest seroit Torbay sur la côte de Devon, lieu à le faire d'autant plus commode que sa baie peu fortifiée et bien abritée offre un ancrage sûr. C'est l'endroit que le prince d'Orange choisit aux mêmes fins en 1688.

Ces diversions bien concertées feroient nécessairement baisser les fonds publics, et réduiroient peut-être le ministère à la nécessité de vexer le peuple, et d'attenter aux droits et à la liberté nationale. Le mécontentement qui s'en suivroit, soutenu du zèle des partisans jacobites ardents à se déclarer, dès qu'ils croiroient qu'il est question de rendre aux Isles Britanniques leur légitime souverain, favoriseroit infailliblement les opérations de la France. La notoriété de l'histoire prouve ce que dans de semblables conjontures, on auroit droit d'attendre du génie des Anglois, si on leur permettoit de maintenir leur religion, conserver leurs privilèges et la forme présente de leur gouvernement, en protégeant les dettes nationales qui font en partie l'objet de leurs fortunes.

Une victoire sur les vaisseaux qu'ils s'efforceroient d'opposer doit nécessairement précéder l'entreprise. Dès lors du port de Dunkerque à ce suffisant, dépendroit une flotte de bâtiments de transports pour conduire sous escorte à l'ouest de l'Ecosse, huit à dix mille hommes qui y formeroient leur débarquement à la faveur des bons ports qui s'y rencontrent.

Ce corps joint aux Ecossais toujours prompts à se réveiller, saisissant pour place d'arme la ville de Glasgow, distante ouest de dix-huit lieues d'Edimbourg, s'achemineroit à travers l'Angleterre sur Oxford.

Ce point seroit celui de réunion avec les troupes débarquées à Torbay, pour ensemble se porter sur Londres, et combattre ce que le gouvernement auroit pu ramasser de forces autour de cette capitale, tandis que l'embarquement simulé au Pas de Calais, se réaliseroit en la province de Kent par la baie de Ryes, ou dans Essex, du côté d'Harwich.

Cependant l'Espagne en mesure avec la France pourroit débarquer à l'ouest de l'Irlande, un corps de troupes pour agir conjointement avec les Irlandais intéressés à la conquête de ce royaume, d'où ensuite il seroit aisé de faire passer un corps d'alliés dans le pays de Galles.

Ainsi à la fois les forces britanniques se trouveroient partagées par trois attaques sous différents points de directions. Le premier par Brest, le deuxième par Dunkerque, et le troisième par le Pas de Calais, le secours espagnol n'étant que provisionnel pour agir au besoin.

Telle est le plan qu'on propose à la France et à l'Espagne pour établir sa supériorité, rédimer l'Europe des vexations dont elle est menacée. Quant aux détails particuliers des opérations et de la conduite d'un projet qu'on se contente d'exposer vaguement, on croit devoir se les resserrer, ainsi que ceux qui ont trait aux moyens et aux manœuvres d'opposition que l'Angleterre auroit à employer contre une entreprise de cette nature.

Béhague,
Brigadier des armées du roi.

COMMERCE INTÉRIEUR — DES MONNOIES — PARTIE POLITIQUE

Envoi d'espèces dans la colonie du Canada en 1755 ; critique de cette opération, mauvais effets qu'elle a produits.

Lorsqu'en 1755 le roi jugea à propos de faire passer des troupes de France en Canada, on envoya dans cette colonie des fonds en espèces pour le paiement de la solde et de la subsistance de ces troupes.

Cette opération a été reconnue mauvaise par les effets qu'elle a produits ; c'est ce qu'il est intéressant d'approfondir pour bien reconnoître la faute qu'on a faite et n'y plus retomber.

Voici ce que le ministre écrivit d'abord à ce sujet à l'intendant de la colonie :

LETTRE DU MINISTRE A M. BIGOT

Du 1er avril 1755.

Il l'autorisa à tirer des lettres de change pour les dépenses de ces troupes, payables l'année suivante, en divisant et éloignant les échéances autant qu'il lui seroit possible.

Ensuite le ministre ajoute :

" Il est à croire qu'en fixant ainsi ces échéances à
" l'année prochaine, vous pourrez procurer de la dimi-
" nution dans les dépenses relativement à l'augmenta-
" tion que peut y avoir causée l'éloignement des
" échéances des traites faites les deux dernières années.

" Comme il est cependant de la plus grande importance de parvenir à faire tomber les prix excessifs auxquels toutes les choses sont montées depuis quelque temps en Canada, et que le plus sûr moyen seroit sans doute de faire payer en argent toutes les dépenses qui s'y font pour le compte du roi, puisque c'est à la quantité immense de papier qui a été répandue dans le public pour ces dépenses qu'il faut principalement attribuer cette excessive cherté qui se fait sentir dans la colonie ; je me serais déterminé à y faire passer dès cette année des fonds en argent dans cette vue, si la situation de la caisse eût pu le permettre, mais cela n'est pas possible.... Il faut donc remettre cet arrangement à un autre temps.... Vous me rendrez donc compte de l'effet que pourra produire dans la colonie l'argent que les troupes de terre vont y répandre, et vous me donnerez votre avis sur la quantité d'argent qu'il conviendroit d'y envoyer relativement à l'objet que j'ai eu en vue, avis que vous accompagnerez de toutes les considérations qui pourront y être relatives."

Voici maintenant quelques observations sur cette lettre du ministre.

Il est constant qu'en fixant à un court terme les échéances des traites faites sur France, on parviendroit à faire baisser le prix des denrées en Canada, car les négociants qui reçoivent leur paiement en monnoie de cartes pour lesquelles on leur donne au trésor des lettres de change sur France, payables dans les termes de deux ou trois ans, ne peuvent se dédommager de ce retardement qu'en vendant leurs denrées plus cher. A l'égard de l'expédient de faire passer de l'argent dans la colonie, il ne peut produire aucun bon effet, mais au contraire bien des inconvénients.

Lorsqu'on réfléchit sur la nature et l'objet de la monnoie qui est de représenter les denrées et généralement tout ce qui est matière de commerce ; on sent aisément que peu importe que cette monnoie soit de métal ou de cartes, pourvu qu'elle remplisse bien sa fonction de signe et de mesure des denrées.

Qu'importe aux habitants et négociants de n'avoir qu'une monnoie de cartes, si avec cette monnoie ils satisfont à tous leurs besoins dans la colonie, et s'ils peuvent, lorsqu'ils le veulent, la convertir en espèces en France. Ce n'est donc point du tout la carte qui renchérit les denrées, mais le retardement dans le paiement des lettres de change sur la France.

La quantité de papier répandue dans la colonie est aussi cause de ce renchérissement, mais ce n'est pas parce que ce n'est que du papier, c'est parce que cela fait beaucoup de monnoie dans le commerce ; quand tous ces papiers et cartes se convertissent en espèces, pareille quantité d'espèces occasionneroit le même renchérissement.

C'est donc une erreur que de croire qu'il faille faire passer des espèces en Canada pour y faire baisser le prix des denrées.

Bien au contraire, l'argent ne peut produire que de mauvais effets dans cette colonie. Comment veut-on en effet que la monnoie de cartes soutienne la concurrence de la monnoie en espèces ? Plus il y a de monnoie de cartes ou de papier, plus il est dangereux d'y faire connoître des espèces ; ou bien il faudrait y en faire passer assez pour retirer tout le papier, ce qui seroit trop considérable et deviendroit inutile par la suite, car la colonie ne pourroit certainement pas retenir tout cet argent, et il en repasseroit nécessairement une partie en France, et peut-être même chez l'étranger.

LETTRE A M. DE VAUDREUIL

1755.

Le ministre fit effectivement passer en 1755 en Canada, un fond d'environ 1,200,000 livres pour le paiement des traites des troupes de France qu'on y envoyoit.

Le premier malheur qui en résulta fut la perte d'une somme de.... qui fut prise par les Anglois sur les vaisseaux l'Alcide et le Lys.

Voici ensuite ce que M. Bigot, intendant, écrivit sur les effets que cet argent produisit dans la colonie :

LETTRE DE M. BIGOT

Du 8 9bre. 1755.

" Je puis avouer (dit cet intendant) que l'argent " comptant ne feroit pas tomber le prix des denrées.

" Pour ce qui concerne les denrées de la colonie, " c'est l'aisance des habitants de la campagne et la " bonne chair que ceux de la ville veulent faire qui " sont les seules causes de cette cherté. Le moindre

“ artisan et ouvrier mange ce qu'il y a de meilleur, “ comme le premier de Québec, et l'habitant de la “ campagne remporte chez lui pour son usage ce qu'il “ ne peut vendre au marché au prix qu'il s'était pro- “ posé. L'ouvrier n'en est pas à la vérité plus riche, “ au contraire, il n'est pas huit jours malade sans être “ réduit à l'annonce du curé, mais qu'importe ; cette “ manière de vivre multiplie les consommations et “ occasionne par conséquent la cherté.

“ Ce n'est que depuis les grandes dépenses que le “ roi fait en Canada, qu'on y voit régner cette cherté sur “ les denrées, et elle augmente toutes les années, sur- “ tout celle-ci (1755), à cause du nombre extraordinaire “ de vaisseaux du roi. J'ai vu et connu jusqu'à pré- “ sent que c'est le plus ou moins de consommation “ qui décide du prix des denrées, et non le paiement “ en papier.

“ Quant aux denrées de France, leur cherté n'est “ occasionnée que par l'éloignement des échéances des “ lettres de change qui vont jusqu'à trois ans. Le “ négociant aimeroit autant le papier que l'argent, “ pourvu qu'il lui donna, lorsqu'il le rapporte à la “ caisse des traites payables l'année suivante, et s'il “ n'y a que de l'argent dans la colonie, ceux qui vou- “ droient faire des remises en France le rapporteroient “ au trésorier pour avoir des lettres de change sur “ France, ils n'exposeroient pas des espèces sur mer “ en temps de guerre. ”

M. Bigot ajoute à ces raisons une considération qui, ce me semble, est décisive contre l'introduction de l'argent en Canada.

" C'est que l'habitant aura toujours plus à cœur de
" défendre son pays quand l'intérêt l'y engagera, et il
" sera forcé de le faire quand il envisagera que s'il étoit
" pris par l'ennemi, il perdroit les papiers de caisse et
" monnoie de cartes qu'il auroit ramassé depuis long-
" temps, au lieu que s'il avoit de l'argent dans son
" coffre, il lui seroit indifférent de passer sous une autre
" domination. "

" Par toutes ces raisons, et sans parler du risque
" que le roi courroit à faire passer des espèces dans la
" colonie, M. Bigot pense qu'il n'y a rien de mieux
" pour le pays que le papier ou monnoie de cartes,
" pourvu que ce qui en seroit rapporté à la caisse fut
" retiré pour des traites payables l'année suivante. Les
" marchandises de France en ce dernier cas vien-
" droient en temps de paix à leur prix ordinaire. Il
" n'en seroit pas de même des denrées de la colonie,
" leur prix sera toujours forcé tant que le roi fera des
" dépenses considérables dans la colonie ; elles occasion-
" neront à chacun de ceux qui y ont part d'en faire
" plus chez lui, tant par rapport à lui-même qu'en
" faisant travailler les ouvriers. "

Ce que M. Bigot dit est fort bon, mais n'est pas exprimé clairement ; il fait une distinction entre les marchandises et les denrées qui n'est point nette, qu'entend-il par denrées et par marchandises ? Je crois qu'on peut réduire son raisonnement à ce qui suit :

La cherté des denrées ou marchandises vient de deux causes : 1° L'éloignement des échéances des traites sur France, qui oblige le marchand à se faire payer des intérêts de ce retardement en vendant plus cher ; 2° Les dépenses que le roi fait dans la colonie qui répandent l'aisance, augmentent les consommations et par conséquent renchérissent les denrées. A l'égard de la présence de l'argent dans le commerce, c'est une chose tout à fait inutile et indifférente, et qui n'influe nullement sur le prix des denrées.

D'où il suit qu'il n'y a que deux moyens de faire baisser le prix des denrées. Le premier est de donner pour le papier ou la carte rapporté à la caisse des lettres de change sur France, payables aux plus courtes échéances possibles, et le deuxième de diminuer les dépenses que le roi fait dans la colonie.

Nonobstant toutes ces raisons, M. Bigot, pour satisfaire aux éclaircissements qu'on lui avoit demandés, rend compte de la situation de la caisse de la colonie, et il fait voir qu'il faudroit commencer par y envoyer deux millons trois cent mille livres pour retirer tous les billets de caisse et le million de monnoie de cartes qui coure dans le commerce, et ensuite sept millions pour les dépenses courantes et à faire.

Je demande si l'on est en état d'envoyer cette somme en Canada, et si on ne le peut ou on ne le veut pas, il ne faut pas y en envoyer du tout, comme je l'ai déjà observé, car comment le papier ou la carte soutiendra-t-elle la concurrence de l'argent ? Et il parut bien dès

1755 que cette concurrence devoit être fatale à la carte et au papier de la colonie, car M. Bigot observe :

(En marge de ce paragraphe il y a l'annotation suivante) :

" C'est encore bien plus impossible à présent (en 1758) qu'il faudroit peut-être faire passer pour quatorze ou quinze millions d'espèces en Canada pour faire face à tout."

(Ibid).

" Qu'il ne paroît pas un écu dans le commerce ni au " marché, que les habitants ou domiciliés dans le pays " qui n'ont pas en vue de repasser jamais en France " donnent sept francs en papier ou monnoie de cartes " pour l'écu de six livres, et qu'ils servent sur le " champ ses écus (sic). Le négociant n'en fait point de " recherches, parce qu'il ne veut pas garder cet argent ; " plusieurs officiers des troupes de France, gagnent sur " leur argent ainsi que le soldat, d'autres le gardent " pour leur retour en France, n'ayant pas d'occasion de " le dépenser."

Enfin M. Bigot prétend :

" Que l'argent envoyé dans la colonie n'y produira " aucun bien, qu'il en résultera seulement qu'au lieu " d'un million de cartes que les habitants gardoient " dans leurs coffres, comme la meilleure monnoie, ils " le conserveront s'ils le peuvent en espèces, et que les " cartes seront rapportées à la caisse ; et on s'aper- " cevoit déjà (lorsque M. Bigot écrivoit) qu'il en ren- " troit plus qu'à l'ordinaire. "

Nonobstant ces représentations de M. Bigot auxquelles je n'ai pas vu qu'on ait répondu, on a recommencé en 1756 à envoyer de l'argent tant en Canada qu'à l'Isle Royale pour 1,267,571 livres.

Sur cette somme on a encore perdu celle de.........
.........qui a été prise par les Anglois sur l.............
....

Je ne sais si avant que de faire ce second envoi, on a bien pesé les raisons pour ou contre, et si on a fait part à M. Bigot des motifs qu'on a eus de continuer à faire passer de l'argent en Canada contre son avis motivé dans la lettre ci-dessus extraite.

Quoiqu'il en soit, cet intendant s'est encore plaint de ce second envoi, qui a fait tomber la carte dans un tel discrédit, qu'il a été obligé, pour la soutenir, de faire savoir dans toute la colonie qu'il ne donneroit de lettres de change sur France qu'aux porteurs de la carte et de papier de la colonie, et qu'il en refuseroit à ceux qui ne rapporteroient que de l'argent à la caisse.

En marge, on lit :

" Je ne sais la date de cette lettre de M. Bigot qui n'a fait que me passer entre les mains sans que j'aie eu le temps d'en faire l'extrait. Je l'ai recherchée depuis sans la pouvoir trouver, mais je suis certain qu'elle contient tout ce que j'en cite. "

Cet expédient nécessaire auquel M. Bigot a été obligé d'avoir recours pour réparer le désordre que causoit dans la colonie la concurrence de l'espèce avec la carte et le papier, a occasionné des plaintes de la part des officiers des troupes de France, qui par là se sont privés de l'avantage qu'ils trouvoient dans la faveur que l'argent avoit usurpée sur la monnoie et le papier de la colonie.

C'est ainsi qu'une mauvaise opération entraîne après elle des suites fâcheuses, non seulement tant qu'elle dure, mais même encore quelquefois lorsqu'il est question de la ratifier. En effet, que va-t-on faire à présent, cessera-t-on d'envoyer des espèces ? Les troupes de France accoutumées à recevoir de l'argent et à gagner dessus, se plaindront hautement, et comment les apaisera-t-on ? D'un autre côté si l'on continue à envoyer de l'argent, la carte tombera tout à fait dans le discrédit, et l'agiotage ravagera la colonie. Car il faut bien remarquer que l'agiotage naît de la concurrence de deux monnoies dont l'une gagne sur l'autre. S'il n'y avoit en Canada que du papier, il n'y auroit point d'agiotage.

(Mémoire non signé)

LETTRE DE M. DE LA GALISSONNIÈRE A M. ROUILLÉ

A Paris, le 7 mars 1755.

Monsieur,

Voilà tout ce que j'ai pû rassembler de caıtes des différentes parties du Canada. Vous y verrez qu'il n'y en a aucune, ni ancienne ni moderne, qui laisse aucun équivoque sur la possession de l'Ohio et de toutes les rivières qui tombent dans le fleuve Mississipi à sa gauche. Vous y verrez aussi que toutes ces cartes ont placé les bornes des possessions angloises au sommet des montagnes des Apalaches. La carte angloise de People, que je n'ai pas, mais que M. le duc de Mirepoix trouvera facilement, puisqu'elle a été faite sous les yeux et par les ordres du gouvernement, n'est pas plus favorable aux nouvelles prétentions de l'Angleterre.

On peut voir par ces mêmes cartes que nous n'avons plus de bornes à opposer aux prétentions angloises, si on leur laisse franchir celles que la nature du terrain semble leur avoir prescrites, et que notre possession non contestée jusqu'ici sembloit devoir assurer pour jamais.

Enfin on peut dire que par une ambition aussi imprudente qu'injuste, ils se préparent à attirer pour toujours le fléau de la guerre et des incursions sauvages sur leurs colonies qui jusqu'à présent avoient joui d'une paix profonde, ce qui, quelque traite qu'on fasse, et quelque précaution qu'on prenne, ne pourra plus subsister si une fois il leur est permis de venir faire le commerce en concurrence avec nous dans les villages sauvages des environs de l'Ohio.

EXTRAIT D'UNE LETTRE ÉCRITE PAR LE MINISTRE DUQUESNE AU CHEVALIER DE DRUCOUR

Le 8 mars 1755.

Il vient d'arriver un événement dans la Belle-Rivière qui semble me promettre qu'on aura moins de peine à consolider notre nouvel établissement. Les Chouanons qui composent la plus forte nation de cet endroit ont frappé sur les Anglois, ont levé dix-sept chevelures et amené dix prisonniers qu'ils ont distribués à différentes nations qui ont accepté la hache. Rien ne pouvoit être si avantageux dans les circonstances présentes ; car il n'est pas de barrières comme de pareils défenseurs ; mais avec si beau jeu (car mes mouvements sont les mêmes), il faut appuyer les sauvages qui lâcheroient bientôt prise s'ils pensoient qu'on leur laissât faire toute la besogne. En conséquence, j'ai fait partir un détachement sur les glaces, et à l'ouverture de la navigation je ferai filer par brigade ainsi que de coutume.

MÉMOIRE SUR LA DÉPÊCHE DE M. LE DUC DE MIREPOIX

Du 6 avril 1755.

Les propositions du ministère britannique dont cette dépêche rend compte, ne diffèrent presque en rien de ce qui a été proposé jusqu'ici par ce même ministère ; elles servent seulement à dévoiler ce qui avoit été enveloppé d'une manière obscure dans le contre-projet de convention dressé par l'Angleterre.

Les Anglois font désormais connoître d'une manière bien précise qu'ils veulent étendre leurs possessions jusqu'au fleuve Saint-Laurent.

Ils proposent par rapport à une partie du Canada située au-dessus de Québec, que le fleuve Saint-Laurent et les lacs Ontario et Erié servent de limites entre les deux nations. Ce sont les propres expressions de la lettre de M. le duc de Mirepoix.

C'est sur la supposition ou sur la reconnoissance de ces limites qu'ils entendent établir la base de toute la négociation ; et ils veulent bien, après avoir absorbé la partie la plus précieuse et la plus intéressante du Canada, entrer en accommodement, par amour pour la paix, sur les convenances et les stipulations particulières que la France devra leur proposer par rapport à la partie du Canada dont ils l'auront dépouillée.

On sent tout l'art et le danger d'un système de négociation où l'on commenceroit par supposer en faveur des Anglois ce qu'on ne doit pas même souffrir qu'ils mettent en question ; et qui ne tendroit à rien moins qu'à la perte totale du Canada, par la difficulté, pour ne pas dire l'impossibilité, d'en conserver le surplus après ce démembrement.

Il paroît donc indispensable de s'expliquer préalablement avec l'Angleterre et de lui déclarer catégoriquement que le fleuve Saint-Laurent et les lacs qui en font partie, ont toujours fait le centre du Canada, et n'en ont jamais été les limites ; il seroit peut-être à propos de prescrire en conséquence à l'ambassadeur du roi, d'éloigner et de rejeter définitivement toute proposition nouvelle qu'on pourroit lui faire et qui seroit contraire, parce qu'elle ne seroit pas admise par Sa Majesté.

Comme le ministère anglois a reconnu lui-même dans ses conférences avec M. le duc de Mirepoix que les montagnes de la Virginie sont les limites de leurs établissements, il paroît qu'on ne peut poser d'autre règle pour fixer les limites des différentes possessions respectives dans cette partie de l'Amérique septentrionale, que la hauteur même des terres, c'est-à-dire que les rivières qui se rendent à la mer depuis la Nouvelle-Angleterre jusque y compris la Georgie appartiendront aux Anglois, jusqu'à leurs sources, et que celles qui se rendent dans le fleuve Saint-Laurent et le fleuve Saint-Louis, ainsi que toutes celles qui tombent à la mer dans l'étendue des côtes qui font partie des colonies françoises, appartiendront à la France.

Par cette fixation même des limites, les Anglois se trouveront extrêmement à portée en plusieurs endroits du centre de nos établissements ; mais c'est néanmoins le moyen de pourvoir de la manière la plus stable et la plus solide à la sûreté mutuelle des établissements des deux nations; tout autre arrangement ne pourroit que tendre à en faciliter l'invasion.

En convenant de part et d'autre que les sujets des deux couronnes ne pourroient excéder les limites, on pourroit au surplus se prêter à tous les arrangements convenables qui seroient proposés pour laisser un intervalle sur les frontières sans être établi ni défriché ; et l'on pourroit pareillement restreindre la liberté d'élever des forts à des distances convenues, et propres à dissiper tout sujet d'ombrage et d'inquiétude.

La connoissance de la nature de nos colonies, ainsi que celles des Anglois et du commerce des unes et des autres, mettent en état de discuter avec avantage vis-à-vis les membres les plus accrédités du conseil privé d'Angleterre, ce que l'arrangement que l'on propose a de favorable ou de contraire aux intérêts réciproques des deux nations.

Il est certain, comme on l'a déjà observé, que c'est le seul convenable à leur sûreté mutuelle ; et qu'en conséquence il ne peut y avoir que deux motifs pour s'y refuser.

Le premier seroit le dessein caché de se ménager les facilités d'une invasion ; ce premier motif est précisément celui qui doit faire insister sur les limites proposées. Le deuxième est le préjudice que les Anglois peuvent prétendre que cet arrangement causeroit à leur commerce ; celui-ci peut avoir besoin de quelque explication.

On doit convenir que les Anglois auroient plus de facilité pour le commerce des pelleteries, s'il leur étoit libre d'étendre leurs possessions jusque sur le fleuve Saint-Laurent et sur les lacs, et ils en auroient encore davantage s'ils étoient les maîtres du Canada.

Mais ce n'est pas un motif pour leur accorder ce qu'ils demandent, et il y a plusieurs réflexions et considérations qu'il est essentiel de les engager à peser avec maturité :

1° Tout l'objet se réduit au fond à une branche de commerce de pelleteries.

2° Si l'on veut être de bonne foi, cet objet est en soi très médiocre et ne vaut pas la centième partie des frais dans lesquels cette contestation a déjà constitué les deux couronnes. Ce seroit au fond faire la guerre pour l'intérêt de quelques traiteurs en petit nombre, et d'un plus petit nombre de personnes qui peuvent trouver dans la guerre des avantages particuliers.

3° L'objet de commerce dont il pourroit être question est d'autant moins considérable que l'arrangement que l'on propose n'emporte point avec soi l'exclusion du commerce des pelleteries, attendu que les sauvages ont toujours joui et jouiront toujours de la faculté de porter leurs pelleteries où ils le jugeront à propos.

4° Ces pelleteries se réduisent à deux espèces principales : le daim ou le chevreuil, dont les François ne font presque aucun commerce, et le castor dont les sauvages partageront toujours la traite avec les Anglois.

5° Le médiocre inconvénient que pourroit entraîner l'arrangement des limites par rapport à cette branche de commerce doit céder non seulement à la justice des droits du roi sur cette partie du Canada, mais encore à l'amour de la paix et à la tranquillité de ces colonies. Les troubles, les craintes, les inquiétudes y subsisteront à jamais tant que les traiteurs particuliers pourront franchir leurs limites, aller chez les sauvages et les soulever, il s'en suivra des massacres dont les tristes exemples ne sont que trop multipliés. Ce sera pour l'une et l'autre nation un obstacle à l'établissement solide et à l'accroissement de la partie de leurs colonies, qui seront à proximité des sauvages. Il est donc indispensable de faire céder la considération d'un médiocre commerce à celle de fixer les bornes certaines entre les deux nations, et l'on ne peut se guider à cet égard que par celle que la nature paraît avoir prescrites elle-même.

Enfin, si l'on veut procéder de bonne foi, si l'Angleterre veut renoncer à tout projet de se faciliter les moyens d'envahir les possessions de la France, si en conséquence, elle reconnoît comme une vérité certaine, ainsi qu'on l'assure avec confiance, qu'il ne s'agit que de l'intérêt très borné d'une médiocre branche de commerce de pelleteries, c'est alors qu'on pourra traiter avec l'espérance de parvenir à une conciliation. Il y auroit même des moyens de dédommager les Anglois avec usure des profits d'un commerce de pelleteries qu'ils ne peuvent se procurer qu'en empiétant sur une partie du Canada, qu'on ne peut céder sans intéresser la sûreté de cette colonie. On n'estime pas au surplus qu'il soit convenable d'entrer dans le détail de ces moyens, que l'on ne soit préalablement convenu des principes de la négociation.

On a si amplement expliqué tout ce qui concerne les limites de l'Acadie dans les observations qui ont été faites sur les précédentes dépêches de M. le duc de Mirepoix, il est si facile de démontrer que les vingt lieues que les Anglois demandent le long de la côte du continent ne peuvent servir à la communication pour laquelle ils en font la demande ; enfin la nécessité de conserver la possession de la rivière Saint-Jean pour les communications avec Québec, lorsque le fleuve Saint-Laurent n'est pas navigable, est si sensible qu'on ne s'arrêtera pas ici à une discussion suffisamment éclaircie, et qui dégénéroit en répétitions.

Pour se résumer l'on pense qu'on doit poser et établir comme base, principes et moyens de la conciliation :

1° Que la hauteur des terres servira de limites entre les colonies angloises, depuis la Nouvelle-Angleterre jusque y compris la Georgie, et entre les colonies françoises du Canada et de la Louisiane, en sorte que toutes les rivières qui se rendent dans les fleuves Saint-Laurent et Saint-Louis, et celles qui tombent à la mer dans l'étendue des côtes qui font partie de ces deux colonies, appartiendront à la France, et de même respectivement à l'égard des colonies angloises.

2° Que pour éviter tout sujet mutuel d'inquiétude, on pourra stipuler de laisser sur les frontières une certaine étendue de terrain sans être habité ni défriché, et qu'on pourra pareillement convenir d'une distance dans laquelle il ne sera élevé aucun fort. Qu'au surplus on proposera des moyens qui procureront aux Anglois un commerce de pelleteries plus considérable que celui qui fait désirer à leurs traiteurs d'empiéter sur une partie du Canada, auquel démembrement on ne consentira jamais.

3° Que chaque nation ne pourra trafiquer avec les sauvages que sur son propre territoire ; mais que les sauvages pourront, suivant l'usage ordinaire, aller trafiquer chez une nation ou chez l'autre.

4° Quoiqu'il soit évidemment établi par les mémoires de la commission qu'il n'appartient à l'Angleterre qu'une partie de la péninsule où est située l'Acadie avec la ville de Port-Royal et sa banlieue, on pourroit, sans inconvénient pour les colonies françoises, céder à l'Angleterre l'extrémité de cette même péninsule, depuis le Cap de Sable jusqu'à la banlieue de Port-Royal et le surplus de la péninsule, non compris Beau-Bassin ou Chignitou qui appartiendroit à la France, et une certaine étendue vers l'isthme, laquelle étendue resteroit neutre et sous la condition qu'il n'y auroit aucun établissement, à une distance qui seroit déterminée sur la partie de la côte de la péninsule qui règne le long du golfe Saint-Laurent. Il y auroit en ce cas des arrangements à prendre, également utiles aux deux nations pour retirer les François qui habitent la péninsule.

5° Comme la côte des chemins depuis l'extrémité de la Nouvelle-Angleterre jusqu'à la péninsule ne peut servir à la communication de l'une à l'autre par terre, et comme cette même côte est indispensable et nécessaire pour la communication de Québec, durant une partie de l'année, tant avec l'Europe qu'avec l'Isle Royale et l'Isle Saint-Jean, que d'ailleurs cette contrée n'a pas fait partie de la cession de l'Acadie faite à l'Angleterre par le traité d'Utrecht, il paroît qu'on ne doit pas se désister de la possession d'un terrain qui appartient à la France, qui lui est nécessaire et qui serait inutile aux Anglois.

Au surplus on pense qu'on pourroit se prêter à étendre les limites de la Nouvelle-Angleterre, en ce qui ne gêneroit point la communication avec Québec. Par cette extension de la Nouvelle-Angleterre on rapprocheroit et on abrégeroit de plus en plus la communication par mer avec l'Acadie, la seule dont elle puisse être dans le cas de faire usage, et la seule qui dans le fait soit praticable.

6° Enfin, comme il s'agit de procéder à une convention définitive, il paroît qu'on ne doit se prêter à tous les avantages ci-dessus mentionnés en faveur de l'Angleterre, qu'en obtenant en même temps justice de sa part sur les isles contentieuses et réparation pour ce qui s'est passé à la Côte d'Or, en statuant sur les prises faites injustement à l'occasion de la dernière guerre, et en terminant les contestations des Indes orientales.

(non signé)

FIN

TABLE DES MATIÈRES

www.ingramcontent.com/pod-product-compliance
Ingram Content Group UK Ltd.
Pitfield, Milton Keynes, MK11 3LW, UK
UKHW012015240726
13965UKWH00002B/378